SOUVENIRS D'ITALIE

LUIGGIA

PAR

Félix ROUSSEAUX

LONS-LE-SAUNIER,
IMPRIMERIE ET LITHOGRAPHIE DE HENRI DAMELET.
1871

SOUVENIRS D'ITALIE

LUIGGIA

PAR

Félix ROUSSEAUX

LONS-LE-SAUNIER,

IMPRIMERIE ET LITHOGRAPHIE DE HENRI DAMELET.

1871

LUIGGIA

I

Le jeudi 8 septembre 1864, à 7 heures 25, le soleil caressait de ses rayons resplendissants le vallon chéri de Lons-le-Saunier; la locomotive sifflait, et Ludovic et moi emportés par la vapeur jetions le regard d'adieu aux coteaux du pays.

Nous allions à Venise — par Genève, le Simplon et Milan.

Nous débutâmes par huit heures de chemin de fer. Mais à partir de Culoz, les vues grandioses des Alpes, le Rhône juxtaposé à la voie, le tunnel du Credo où pendant sept minutes le bruit de la vapeur, les échos de la voûte, l'obscurité donnent le frisson, nous produisirent l'effet d'une grande préface traitée à large manière, comme ces accords stridents que les compositeurs ont coutume de moduler avant la minute de la production.

Après quoi nous étions à Genève, au moment même

où le soleil s'inclinant derrière les chaînes du Jura, passait en rayons obliques sur le lac et commençait à cuivrer le chapeau à peine visible du mont Blanc.

Les bateaux à vapeur rentraient au port, émaillés de touristes. Les cignes contournaient l'île Jean-Jacques. Des deux ports qui réunissent les deux rives, nous pouvions assister à la renaissance du Rhône entré jaunâtre et bourbeux dans le lac et sortant limpide et pur, plus beau mais toujours fort : matière à philosopher.

Vers le ciel, la grande cathédrale levait ses tours carrées, sépulcre dont l'intérieur est vide, palais dont le appartements ont été dévastés, statue dont la Réforme a mutilé la base, mais dont le sommet inaccessible aux outrages humains continue à regarder Dieu.

Ces hautes méditations ne pouvaient longtemps trouver place dans nos cerveaux. — Nous allions à Venise, non à Genève; puis la nuit tombait et nous remîmes à un voyage spécial l'étude de cette ville si belle cependant. L'homme est ainsi fait que la soif de l'inconnu le rend insensible aux biens qu'il a sous les yeux.

Le soir, au lieu d'aller humer la brise humide et parfumée, nous préférâmes le cirque équestre del signor Gætano Ciniselli dont le nom italien convenait aux aspirations de notre esprit.

Et en sortant, faut-il encore avouer cette défaillance? nous nous trouvâmes devant l'hôtel des jeux que, par un euphémisme plein de délicatesse, son administration intitule : *Cercle des Etrangers.*

Nous y passâmes une heure à voir des gens perdre des sommes insensées. Enfin, à minuit, nous étions rentrés dans notre hôtel et après avoir jeté de nos fenêtres un geste d'admiration au lac qui servait de miroir à la lune, nous nous endormîmes en rêvant Alpes et gondoles.

II

Le lendemain matin, le lac était calme comme une naïade encore endormie. Une brume légère modérait l'éclat de son azur profond : les montagnes semblaient, plongées dans cette gaze transparente, mesurer leurs faveurs comme les fiancées qui le matin couvrent leurs têtes virginales, leurs poitrines frémissantes, de longs voiles que l'amour dispersera.

Nous étions à bord du *Simplon* : peu de passagers, un bon enfant pour capitaine, un peu grognard mais d'écorce seulement; le bateau filait bon train .A droite, à gauche des villas, des nids de marbre et de chapiteaux corinthiens se succèdent comme une guirlande d'autels dressés à la nature. Les villages, les villes s'enchaînent dans cet éblouissant chapelet. Copet avec le souvenir de madame de Staël, Nyon, son château et sa prairie chantée par les poëtes, et sur l'autre rive, jadis nommée la côte de Savoie, encore ainsi appelée par la vanité Suisse, la France, car c'est elle avec Thonon, Evian, Amphion.

Des musiciens forment une partie de l'équipage. A l'avant ils exécutent avec plus de goût que de talent des marches et des pas redoublés, dès que le bateau met la barre sur un port. Mais dès que la côte s'éloigne de nouveau, l'orchestre embarqué aborde un autre répertoire et les meilleurs souvenirs de la Lucia et le Noël d'Adam viennent aider mon âme déjà ébranlée à s'envoler tout-à-fait. Les sites majestueux ont leur culte.

Il est des chants qui ne sortent de la proitrine que si les yeux regardent le ciel. Et le bateau filait toujours croisant des barques de pêcheurs dont les deux voiles séparées ressemblent à de grands ciseaux; le soleil rappelait à lui les vapeurs du matin, le Jura n'avait plus sur ses flancs qu'une écharpe étroite de fumée blanche flottant sous la Dole, Saint-Cergues et la Faucille, comme un sautoir de dentelles. Nous voici dans le grand lac: là-bas Lausanne, Vevay, ici les bois de la Meilleraye, le château de Chillon, immortalisés tous deux par le génie et par le malheur, Bolivard, Rousseau et Byron. Quelle réunion complète et étourdissante, quelle prodigalité d'extases! Et comme pour les activer, voici venir la rive où il faut dire adieu au lac! Voici le Bouveret, j'aperçois avec une longue-vue la locomotive qui chauffe en nous attendant. Cinq heures sur ce pont ont passé comme un rêve. L'Italie est donc bien belle et l'homme est donc bien téméraire, puisque le cœur serré, l'âme oppressée, nous sautons à terre, nous suivons la foule et devant un grossier vasistas nous avons le courage de frapper du doigt, une pièce de monnaie à la main, en disant : 2 places pour Sion.

III

Ce n'est pas d'un wagon à ciel ouvert et volant sur les rails que le touriste peut assouvir sa curiosité. Jusqu'à Sion où nous arrivons après trois heures de chemin de fer, il n'est permis de noter que des généralités. A droite et à gauche les Alpes, et au milieu le Rhône dont les eaux naguère si diaphanes roulent ici jaunâtres et terreuses. À chaque heure sa mission. Plus bas le grand fleuve doit irriguer le sol et porter les échanges; ici Dieu lui a dit depuis six mille ans : fouille la montagne, creuse le roc, prépare les défilés par lesquels les peuples passeront un jour pour s'unir. Et de même que les cimes éternellement glacées dispensent sous les ardeurs de l'été les eaux qui, sans leur sublime réservoir, manqueraient à la terre, les fleuves, infatigables ouvriers, creusent les vallées et déblaient le sentier, lentement, providentiellement, assez pour montrer la route à l'homme, pas trop afin qu'il s'aide lui-même et qu'il ne laisse pas inactives ses forces physiques et intellectuelles.

A Sion, après plus d'un colloque polyglotte, un voiturier se chargea de nous rendre sains et saufs le soir même à Brigues, moyennant la somme de 23 francs bien débattue; à cinq heures nous étions sur sa carriole découverte. Le temps était doux, l'atmosphère limpide et le cheval marchait bien. A 7 heures 1/2, le soleil disparu depuis longtemps derrière les Alpes ne s'indiquait que sur les cimes des pics neigeux. — Puis l'obscurité, le silence nous entourèrent et ce n'est pas sans plaisir qu'à 9 h. 1/2 nous sentîmes notre voiture s'arrêter en face d'une hôtellerie. Quelle déception! Il ne s'agissait que de couper la longueur de la route par un repos d'une heure. — Nous en profitâmes pour envoyer de nos nouvelles en France : la mine sinistre de notre conducteur, l'ignorance absolue des lieux et des distances prêtaient à des dispositions testamentaires ; je me contentai d'une lettre.

Rien ne peut m'aider à rendre la physionomie de la seconde partie de notre parcours. De temps en temps nous entrions dans d'immenses bordures de gigantesques peupliers: les rochers, les pics, les colosses alpestres sans éclat et sans détails apparaissaient dans toute la réalité de leur monstrueuse opacité; à certains détours une pierre éclairée fantastiquement dessinait des illusions étranges. Nous souffrions du sommeil et du froid et comme un manteau de glace nous sentions s'appesantir sur nous une humidité pénétrante que nos couvertures ne pouvaient combattre. Enfin, après 3 heures de la plus étourdissante et la plus originale des courses, nous arrivions à minuit 1/2 à Brigues, hôtel d'Angleterre, où après avoir donné nos ordres et pris nos informations nous ne tardions pas à goûter la volupté d'un sommeil vertueux.

Brigues est au pied du Simplon; petite ville aux toitures brillantes et bizarres, elle est la grande halte avant l'escalade: c'est le silence avant la roulade; seulement au lieu d'aspiration on y prend des chevaux. Aussi dès 4 heures nous étions sur sa place exigüe comparant les avantages et les conditions des voitures particulières et de la grande diligence qui chaque matin y passe avec l'aurore.

Les prétentions excessives des voituriers nous décident pour la diligence dont les chevaux sont déjà attelés ; le chef du bureau ouvre ses registres pour inscrire nos noms à la hâte. Oh ! bonheur, il nous annonce qu'il n'a plus qu'une place de libre et que dès lors, conformément à ses obligations, il va ajouter une voiture spéciale pour nous. Je la vois encore : c'était une petite américaine à deux places, capote découverte. — Ludovic alluma son cigare à ma cigarette ; un postillon sauta sur le siége et nous nous ébranlâmes, envoyant à droite et à gauche aux loueurs de voitures particulières que nous quittions des saluts à double entente.

Je frappai sur l'épaule du postillon pour ouvrir la conversation ; en se retournant le malheureux me montra une tête aplatie de cretin, sans regard, sans voix, sans intelligence, il nazilla quelques sons inintelligibles et se remit à fouetter son cheval.

Nous ouvrîmes nos livres et la lorgnette fut ajustée...

La route que nous suivions n'est pas ancienne ; à la fin du siècle dernier elle n'était encore accessible qu'aux mulets et c'est après Marengo que Napoléon résolut de remédier à son insuffisance.

La guerre suggère souvent aux combattants des idées dont l'humanité profite : il existe des lois de compensation que la Providence seule connaît.

Il fallut cinq années pour que le travail de l'homme et de la poudre pût appliquer au flanc des Alpes cette gigantesque pensée.

Ce n'est qu'en parcourant cette route que l'on comprend toutes les difficultés vaincues : pentes abruptes, dureté du roc, torrents à franchir, avalanches à prévoir, tourmentes à éviter.

A certaines époque où les neiges n'ont plus avec le sol leur adhésion intime, elles glissaient et roulaient à l'abîme, augmentant de volume et de vitessse, entraînant les sapins et les rochers, brisant tout sur leur passage rapide comme l'éclair.

La route est à l'abri de ces épouvantables catastrophes. Elle est couverte de solides voûtes en maçonnerie partout où l'expérience a indiqué une probabilité de dangers. Souvent au lieu d'une voûte on a préféré percer le roc lui-même et la route entre dans un tunnel.

C'est dans ces galeries que le voyageur surpris par la tourmente s'abrite, attendant une heure plus propice ; c'est là qu'il entend craquer les sapins arrachés, gronder l'avalanche, qu'il sent trembler le sol, l'air s'ébranler et qu'enfin l'immense écho qui frappe la voûte qui le protège lui apprend que la masse vient de passer sur sa tête et descend dans les profondeurs.

Ces précautions ne sont pas les seules : de distance en distance d'humbles mais solides maisons montrent constamment leurs portes ouvertes à tout venant, avec leur simple nom gravé : *Refuge*, suivi d'un numéro.

Enfin et au sommet des deux versants des Alpes est établi le grand hospice reliant cette double série de prévoyance et de secours.

Ainsi, au point de vue d'ensemble, le Simplon présente un passage couvert partout où un danger sérieux existe ; il offre, en outre, sur d'autres points des abris qui, même dans les beaux jours, soulagent de toute préoccupation. Puis dominant ce faisceau, l'hospice lui-même, comme un phare invisible mais certain, attend au sommet les passagers et se tient en communication avec ceux que les accidents arrêtent en route.

En sortant de Brigues la route commence par monter fortement.

La diligence s'arrêta, le conducteur mit pied à terre et s'approcha de nous.

C'était un Allemand dont le visage lie de vin n'annonçait pas la gaieté.

— Messieurs, nous dit-il, il faut descendre de votre voiture.

— Nous nous récriâmes. Allons donc, descendre ! et pourquoi ?

— Pour monter dans la diligence, poursuivit-il. Le bureau a mal dressé sa feuille ; jai deux places libres et dès lors le supplément qui vous a été donné est inutile.

— Inutile ou non, mon brave, lui répondis-je, cela m'est indifférent ; je suis bien ici et j'y reste.

— Voulez-vous descendre ?

— Non, mille fois non.

— Je vous somme au nom de la loi, et il se mit à exhiber une plaque relative sans doute aux insignes de ses fonctions.

— Sommez tant que vous voudrez, nous ne descendrons pas.

Il courut à la diligence prier quelques-uns des voyageurs de venir assister à notre refus ; naturellement les voyageurs qui se trouvaient suffisamment serrés ne bougèrent pas. Il revint à nous.

—Je lui déclarai que s'il faisait mine de vouloir nous mettre de force hors de notre voiture, je lui brûlais la cervelle.

— Il répondit en m'annonçant que nous aurions à payer la poste à nos frais et que nous règlerions nos comptes au prochain relai. Puis n'ayant plus obtenu de réponse, il regagna son attelage et la caravane s'ébranla de nouveau.

Nous nous engageâmes presqu'immédiatement dans de hautes forêts de sapins ; à travers ceux-ci l'œil plonge dans un immense précipice. Depuis deux heures nous étions en marche que Brigues avec l'éclat de ses toitures luisantes apparaissait encore dans le fond. Dans le lointain et de l'autre côté de Brigues, la chaîne des Alpes Bernoises resplendissantes de neige fermait l'horizon.

Berizal approchait ; c'est là que nous devions vider le conflit soulevé par le rigide conducteur. Je comptais recourir à la gendarmerie, au maire, au juge de paix, à toutes les autorités et j'esquissais d'avance des exordes, mais je comptais mal : Bérizal est un village composé de deux maisons. Dans l'une, une auberge, dans l'autre des écuries.

En tout nous nous trouvâmes en face du maître de poste.

Quand le conducteur eut beaucoup juré et nous beaucoup exposé notre déception de passer d'une jolie petite voiture découverte dans l'intérieur d'une diligence, l'arbitre de nos destinées nous montra avec une clarté désespérante que nous ne pouvions exiger un service particulier puisque le service ordinaire suffisait. Il nous approuva d'ailleurs d'avoir refusé de descendre avant le premier relai et intervint vers le conducteur pour qu'il nous organisât deux places sur le haut de la voiture.

— Chamais ! chamais, grommela notre homme, ils ont été trop imbolis !

Cependant quelques habiles prévenances et l'insinuation d'un pourboire eurent raison de ce refus et nous obtinmes la permission d'établir notre poste partie dans le soufflet, partie dans les malles, bache relevée bien entendu. Dans ces conditions, je défie le touriste le plus enthousiaste d'avoir mieux vu que nous ! D'un sac je fis un oreiller, de nos manteaux un lit, et couché sur le dos, la lorgnette à la main, l'oreille aux récits, je vécus huit heures ineffaçables dans ma mémoire.

Nous voilà donc élevés comme sur la plate-forme d'un observatoire.

Le conducteur avec le sentiment du devoir qui porte sa récompense nous nomme les pics qui se découvrent à chaque instant. Tout en causant, nous remarquons que la végétation nous abandonne : les sapins deviennent rares, les galeries se rapprochent ; dans l'une d'elles un bruit étourdissant de cascades nous rassure médiocrement : c'est un énorme torrent qui passe dessus et dessous. Le tube dans lequel roule la diligence fait tout à la fois l'office de pont et d'aqueduc : une fenêtre nous permet de voir l'eau qui passe sur nos têtes se précipiter dans le vide, mais la sauvage raideur de la rampe ne nous laisse pas apercevoir où elle va : l'abîme défie nos yeux.

Il est midi ; nous montons depuis sept heures. La route qui jusque-là a cotoyé comme une corniche le flanc des Alpes, pénètre dans une sorte de bassin formé par les bases de nombreux glaciers. C'est là qu'est bâti l'hospice du Simplon, vaste bâtiment d'architecture simple. Trois étages de 20 fenêtres chacun forment la façade qui est sans aile ni corps avancé. Les religieux portent le costume des prêtres Français : grande soutane noire, vaste chapeau ; leur signe distinctif consiste en un simple cordon blanc qu'ils portent en forme de sautoir. La position de l'hospice est précisément choisie au point culminant du passage : des fenêtres du monastère on aperçoit à découvert les pics les plus gigantesques et les plus élevés, les glaciers, les pointes neigeuses, les aiguilles colossales qui semblent dans leur écartement comme obéir à des ordres supérieurs de laisser au milieu de leurs convulsions la place de l'homme et de la charité chrétienne.

L'hospice renferme trente lits à la disposition des voyageurs. Il n'est habité que par une douzaine de frères, aidés par de nombreux domestiques. On dit que le nombre des voyageurs qui y sont reçus chaque année varie de 12 à 15 mille. Là le pauvre n'a pas à se préoccuper de sa dépense, et le riche n'a d'autre moyen d'acquitter sa dette que d'en fixer lui-même le montant et de le déposer dans un tronc à ce destiné. A partir de l'hospice et de l'humble croix placée à côté de lui sur le bord du talus (2 200 m.) on descend constamment jusqu'aux plaines de la Lombardie. En arrivant sur ce versant italique, nous songions déjà à la lumière éclatante, aux émanations tièdes et parfumées, à un autre soleil. C'est le contraire qui arriva et qui arrive habituellement. Les titanesques murailles des Alpes coupent le ciel et l'atmosphère, et il n'est pas rare de jouir du beau temps en montant, de trouver l'orage et les nuages de l'autre côté.

De l'avis de tous, la descente est infiniment plus pittoresque, les points de vue se succèdent avec plus de rapidité ; les torrents se tourmentent à côté de la route qui les suit, les franchit alternativement sur des ponts d'audacieuse jetée. Les montagnes se rapprochent et les défilés n'ont pas cinquante mètres de largeur. Les flancs des Alpes ne portent pas d'arbres. C'est le roc nu, humide, terreux, blafard, surplombant ou perpendiculaire qui forme les parois du passage. De temps en temps une cascade bondit par un chenal qu'elle s'est creusé et laisse entrevoir les blocs de pierres avec lesquels elle se joue. Plus on descend et plus la gorge devient étroite et sauvage. Ici la route est taillée dans le roc : c'est la gorge du Gondo. Bientôt on rencontre la Doveria, cours d'eau dont aucun nom connu ne peut rendre le sens, serpent qui se roule en mille replis, masse furieuse qui bondit, se précipite, écume, mord le roc, démon affolé, force prise de rage qui hurle et vole dans le paroxysme de toutes les aspirations de destruction. Le conducteur redouble ses précautions : il lie entr'elles les deux roues de droite et un énorme morceau de bois taillé en sabot complète les moyens de sécurité. La voiture reprend sa course : on aurait le vertige à moins. Le regard ne cesse de contempler ; les tournants de la route donnent une sorte d'hallucination vertigineuse, et l'homme perd le sens des horizons ordinaires.

La gorge s'entr'ouvre un instant, mais après Isella, petit village où je dévore à la hâte une tranche de chamois, nous rentrons dans des horreurs sublimes qui dépassent ce qui a précédé ; de nouveaux torrents, des cascades frénétiques, des galeries, les maisons de refuge, les pierres qui ne tiennent plus que par des prodiges d'équilibre recommencent leur défilé. Ici le conducteur nous raconte que surpris par la bourrasque, il fut, il y a deux ans, obligé de chercher avec la seule dame qui composait son traineau un abri au refuge n° IX et d'y rester cinq jours.

Pendant ce récit orné de détails palpitants, la diligence tomba en plein en tournant sur une calèche à deux chevaux arrêtée et qui ne laissait que trop juste la place nécessaire entr'elle et le précipice. Le postillon n'hésita pas à courir la chance de toucher l'une plutôt que l'autre et un choc sec se fit sentir. Un cheval de la calèche se cabra et cassa la flèche. Notre conducteur était déjà en bas de son siége :

— Faites descendre vos voyageurs, criait-il au cocher ?

Mais il était écrit que ce jour là ce mot ne produirait pas grand effet dans sa bouche : les voyageurs étaient Anglais et déclarèrent qu'ils ne descendraient pas.

— Ah ! c'est ainsi que vous le prenez, leur cria-t-il, bleu de dépit, débrouillez-vous, les amis ! En route, postillon.

Et nous partîmes au grand trot.

Enfin, la vallée s'entr'ouvre, sera-ce encore une déception. Non ! voilà la verdure qui reparaît, les sapins qui dressent leurs cimes, les habitations qui colorent le paysage. Nous tournons à droite et nous voilà dans le plus gracieux des vallons. Dans le fond, des villages, et dans le lointain Domo d'Ossala où nous entrons à 4 heures. L'air est pur, la température douce, les excentricités de la nature sont finies, voilà les madones peintes sur les façades, les maisons couvertes d'arabesques décoratifs, et aux fenêtres des éventails qui ne s'agitent pas seuls.

IV

Il arrive souvent que l'esprit humain se prépare lui-même des désillusions. Ce ne fut pas notre cas. De Domo d'Ossola au lac Majeur le pays que nous traversâmes était bien la terre promise, marquée d'un cachet spécial, que nous avons rêvée. De chaque côté de la route les plus splendides arbres, les paturages les plus frais, les récoltes les plus luxuriantes; on prendrait au milieu des montagnes cette vallée qui va s'élargissant pour un bras d'une mer amoureuse qui vient lécher le pied des Alpes. Les maisons sont peintes.

Près d'Ornavasco, nous admirons un flanc des Alpes qui, au lieu d'être couvert de verdure comme ses voisins, présente un *entaillement* profond, blanc et simulant à s'y méprendre un glacier. Mais à mesure que l'allure très précipitée de nos excellents chevaux nous rapproche, nous reconnaissons que nous avons devant nous une carrière de marbre; notre conducteur, toujours prêt à répondre à nos questions, nous apprend que c'est là qu'ont été pris les matériaux du dôme de Milan.

Bientôt nous nous arrêtons à Baveno. La diligence

nous dépose au bord du lac Majeur, entre les flots que la chute du jour cuivre déjà et une ceinture d'hôtelleries, de cafés, de restaurants barriolés ; nous donnons à cette diligence qui repart de suite un adieu sentimental, pourquoi ne pas l'avouer ? N'est-ce pas elle qui nous a portés à travers cette journée inouïe, qui nous a fait côtoyer le précipice, passer les ravins et conduits dans ce monde féerique dont nous commençons à ressentir la fascination.

Nous n'avons pas de temps à perdre : il est 7 heures du soir ; nous voulons aller dormir dans les îles Borromées, au milieu des flots. Le bateau à vapeur qui chaque jour fait le service du soir sur les bords du lac arrive presqu'aussitôt. Nous voilà sur le pont et dix minutes après, des barques qui accostent le bateau nous descendent à l'Isola-Bella, à la porte de l'hôtel du Dauphin où nous entrons en fredonnant un des vingt-cinq couplets d'une chanson que nous avons composée il y a quelques dix ans et qui par cette inflexible logique du cœur nous revient à la mémoire chaque fois que le mouvement, l'entrain du moment nous reporte à l'exubérante vigueur de l'époque de la vie à laquelle nous la rimions :

Si j'avais vingt ans, je voudrais pour elle
Me battre en duel chaque jour ;
L'épée est bien moins cruelle
Que l'amour, que l'amour !

Le lendemain matin était un dimanche : le ciel le plus pur, le soleil le plus radieux semblaient bénir notre pérégrination. Nous nous occupâmes de reconnaître notre position.

Le lac Majeur nous entoure : sa nappe de bleu limpide s'étend jusqu'aux pieds des Alpes qui lui font une ceinture majestueuse. Dans le fond des baies étincellent de petits villages ; quelques barques circulent entre les îles Borromées si près placées les unes des autres que de loin on pourrait les prendre pour trois naïades qui, la tête couverte de fleurs, se souriraient en nageant.

L'air tiède a des ondulations parfumées et bienfaisantes : nous sommes dans la plus belle de ces trois îles, celle sur laquelle les principales magnificences ont été accumulées et cependant elle ne mesure pas un kilomètre dans son plus large diamètre. Elle renferme le palais des Borromée, une vingtaine de maisons de pêcheurs et deux auberges d'assez bonne tournure.

Le palais n'a que deux étages ; celui par lequel débute la visite se compose d'appartements d'une dimension si immense qu'on dirait le palais d'une République.

Le ton de tout cet étage est blanc avec incrustation capricieuse de bas-reliefs et de marbres rares ; la galerie de peinture n'est pas sincère. La famille Borromée était au château, ce qui nous priva de l'examen de plus d'une pièce. Avant de descendre, nous nous arrêtâmes longtemps dans la salle *du Trône.*

Un vrai trône recouvert d'un dais y est adossé à la muraille qui regorge de sculptures. Le pavé est composé d'une mosaïque de marbre représentant les armes de la famille Borromée avec la devise quelque peu problématique en pareil lieu : *Humilitas.*

Remplis du sentiment du blanc mat, poli, moulé, sculpté et réfléchi, nous descendîmes à l'étage inférieur dont le style contraste complètement avec celui du haut. Toutes les salles sont garnies de coquillages ou de petites pierres aquatiques, si bien que l'on se croirait dans des cavernes sous-marines.

Le majordome nous conduisit jusqu'à la porte des jardins et sonna le jardinier. C'est une coutume italienne que les valets se subdivisent le soin de conduire les

2

étrangers dans leurs visites et obtiennent ainsi une série de gratifications.

Les jardins sont un des grands évènements du palais et jouissent d'une immense célébrité. Assis sur sept terrasses superposées en forme de cône, flanqués de murs sur lesquels s'étalent d'innombrables et non parfaites statues, ils ont mérité de loin d'être comparés à un gâteau de Savoie, mais font de près succéder l'admiration à l'ironie.

On y trouve toutes les plantes rares de l'univers: c'est le Louvre des naturalistes. Mais, trop peu en état de juger à sa juste valeur la flore de céans, nous reportons notre attention sur les points de vue. Du côté de l'ouest, Streza, Baveno percent comme des fleurs le pied des montagnes couvertes de profonds ombrages et se reflètent dans le miroir du lac; au nord, à une portée de voix, l'île des Pêcheurs où avec une lunette on aperçoit jouer d'incalculables groupes d'enfants, véritable énigme, dit-on, pour la statistique A cent pas plus loin, l'Isola-Madre avec sa luxuriante végétation qui semble toucher elle-même le rivage où étincelle Pallanza. Puis les nappes d'eau avec leur charme secret, les Alpes gracieuses se baignant dans les flots bleus du ciel et de l'onde. Pour que ce séjour réunisse tous les agréments, un bois de lauriers offre dans une des divisions de la propriété ses parfums et sa fraîcheur. C'est là qu'on montre un arbre sur l'écorce duquel Napoléon, deux jours avant la bataille de Marengo, avait gravé l'idée qui le dominait par ce simple mot: Bataglia. Nous avons dit qu'on montre l'arbre; l'écorce et le mot ont, en effet, depuis longtemps été enlevés, dit-on, par un collectionneur anglais.

En sortant du palais, nous passâmes devant l'église du village où le jeu des orgues bien attaquées indiquait quelque solennité. On célébrait la grand'messe: je pris place sur un banc resté libre et après quelques minutes de prière, comme le voyageur quel qu'il soit se plaît loin de sa patrie et de sa famille à en adresser à Dieu, la distraction m'assaillit de trois côtés à la fois. Et d'abord les orgues qui étaient supérieurement jouées, puis une tombe placée au centre de la nef, presqu'à mes pieds, dont l'écusson, la couronne et la fameuse devise: *humilitas*, indiquait qu'un Borromée dormait sous elle. L'inscription simple me toucha et je la transcrivis de suite, la voici:

Anno MDCCLXXIX Die... hunc sibi elegit tumulum Fredericus Borromeus Aronæ comes, non negavit quod volebant pauperes quia ab infantia crevit cum eo miseratio. Non negent pauperes quid expectat, orent ut in pace recipiatur spiritus ejus.

L'an..... etc. Frédéric Borromée, comte d'Arona, s'est choisi ce lieu de sépulture. Pendant sa vie il n'a pas refusé ce que voulaient les pauvres parce qu'il était essentiellement charitable. Maintenant que les pauvres ne lui refusent pas ce qu'il désire .... leurs prières pour le repos de son âme!

Pendant que je finissais cette copie, mon esprit déjà trop distrait le fut bien davantage par l'examen de mes voisines. Des femmes de pêcheurs la tête couverte de mouchoirs rouges entouraient la ravissante comtesse Borromée agenouillée au milieu d'elles. Son voile de dentelles attaché sur le haut du front par une épingle de perles, son pardessus de soie noire, sa robe blanche à bouquets clair-semés la distinguaient de la foule; mais la noblesse de la tête, la transparence du front, la profondeur et la douceur des yeux la nommaient.

Elle sortit la première du temple. Je la suivis du regard et sur le perron du manoir et sur la surface du lac qui reflétait son image. Elle disparut. Le flot perdit son ombre. Ainsi les colombes qui émigrent dessinent sur le lac leurs silhouettes blanches qui fuient avec elles. Au retour du printemps elles se rappellent l'onde bleue, mais non le poète qui, assis sur la rive, les avait vues sans être vu.

V.

Des îles Borromées à Milan la distance n'est pas longue. Du bateau à vapeur nous apercevons sur une des collines qui avoisinent Arona la statue colossale de Saint-Charles Borromée, archevêque de Milan, dont le nom inscrit partout est un des plus vénérés et des plus populaires de l'Italie. Depuis que la terre a cessé d'être le théâtre de ses nobles vertus, trois siècles ont passé ; mais toujours jeune son immortalité, honneur de son sang, drapeau de sa religion, idéal de l'humanité, est toujours aussi glorieuse.

D'Arona, nous n'avons en chemin de fer que le temps de nous préparer à saluer Novare, ville témoin des premiers exploits de Victor-Emmanuel, le 23 mars 1849, contre les Autrichiens commandés par Radetzki.

Une admirable statue du comte de Cavour s'élève aujourd'hui dans cette ville, libre depuis 1859 de la domination autrichienne. La population nous paraît heureuse, active, fière de son incorporation italique et ses 30,000 âmes nous semblent toutes dans les larges rues qui, malgré leurs dimensions, sont encombrées.

Nous ne manquons pas de suivre depuis le boulevard les fils du télégraphe. Ils nous rappellent une de ces nombreuses aventures qui dans toute expédition française naît de l'intrépidité ou de l'esprit national, mais nous intéresse plus spécialement. C'est, en effet, en avant de Novare que, lors de l'arrivée des troupes françaises en 1859, notre camarade Gauthier-Villard, attaché à la mission télégraphique, eût l'idée, lorsque notre armée au lieu d'entrer directement dans la ville la tournait pour couper la sortie des Autrichiens, de continuer à marcher droit sur le poste télégraphique. Tout alla pour le mieux jusqu'au moment où les fils quittant les rues désertes et silencieuses entraient dans des jardins à haute clôture.

Gauthier était au pied de cet obstacle quelque peu dans la situation du renard, lorsqu'une jalousie se soulève et lance avec un bouquet le cri émotionné de : vive les Français ! Aussitôt, toutes les maisons s'ouvrent, les rues se peuplent et notre ami entré le premier à Novare, peut, cinq minutes après, télégraphier au quartier général les premières nouvelles sur la retraite qu'effectuent les Autrichiens !

Ils partaient, il est vrai, mais pour se remettre non loin, dans les plaines voisines que le plus opiniâtre des combats allait bientôt immortaliser sous le nom de Magenta.

VI.

Dès notre arrivée à Milan, nous nous sentîmes tout autres. Jusqu'alors nous avions couru, nons allions goûter les douceurs du calme et de l'examen sans précipitation

Nous établissons notre quartier général dans une immense chambre à plafond peint, que nous trouvons disponible à la pension Suisse, nom de peu de couleur locale, mais Via Visconti, ce qui sonne mieux.

Dès le matin nous courons à la cathédrale. Maintenant que successivement j'ai revu dix fois cette colossale merveille que les Italiens appellent le dôme (*il duomo*), et que je l'ai contournée dans tous les sens, il m'est difficile de saisir le souvenir exact de ma première impression. Qu'on se figure une cathédrale représentant une masse double de celle de Notre-Dame de Paris, bâtie en marbre blanc, qu'on y sème à profusion des aiguilles, des tourelles, des flèches d'un marbre plus resplendissant encore, comme si la pureté même des couleurs était plus assurée en se rapprochant du ciel; qu'on se figure sur ces trois ou quatre cents clochetons tous sculptés et fouillés, des statues qui semblent chacune chargées de l'expression spéciale de son piedestal aérien ; qu'au milieu de toute cette population de saints en contemplation et en extase, on dresse une pyramide d'une hardiesse inouie, laissant passer le bleu du ciel dans ses dentelles, que sur le sommet de cette pyramide on ajoute une statue colossale de la Vierge terminant enfin ce dernier élancement de l'édifice, on aura une faible idée de l'effet féerique de ce monument.

Quant aux détails de l'édifice, ils consistent sur les murailles extérieures, dans les embrasures des ogives, dans toutes les places possibles en un nombre incalculable de statues. La façade présente cinq grandes portes dont chaque séparation sert de point de départ à de doubles nervures qui jusqu'au sommet poursuivent leur ascension pour apporter à la forêt blanche du haut leurs flèches de plus. Au rez-de-chaussée de chacune de ces séparations, des bas-reliefs de mains de maîtres. Au-dessus, deux autres œuvres du même genre et d'un mérite également immense. A droite et à gauche, des cariatides remplacent les angles aigus, soutenant de leurs bras où l'on voit les muscles la base des flèches, semblant garantir les sujets bibliques de l'avalanche de marbre qui les menace.

Ainsi entre chaque porte, et dans les faces intérieures de la muraille qui précède le seuil même du temple.

Il est vrai que les abords du monument ne sont pas dégagés.

La place qui précède la façade est relativement de peu d'étendue et très irrégulière : des arcades vieilles et délabrées occupées par des boutiques de médiocre aspect, des bâtiments discordants et noirâtres, quelques cafés. A droite, c'est le Palais du gouvernement dont les ailes forment un espace sans plus de symétrie ; à gauche, le Cours français, rendez-vous des étrangers et de la haute société, centre des magasins de luxe et de nouveautés, bruyant, animé, vraie position de celui qui sans fatigue tient à voir passer Milan, mais rue tortueuse et qui offre encore moins de développement au rayon visuel.

Est-ce un bien, est ce un mal ? Nous sommes de ceux qui aiment que les vieilles cathédrales surgissent des vieux quartiers qui les ont vues naître ; nous sommes de ceux qui croient que les architectures gothiques demandent que le rayon visuel parte de leur base et ne puisse les embrasser d'un seul coup. Les architectes qui construisirent ces merveilles que nul n'oserait entreprendre de nos jours, n'auraient pas hésité à dégager leurs œuvres s'ils l'avaient cru logique.

S'il en est ainsi, l'intérieur de l'édifice sacré n'appartiendrait pas à un autre ordre d'idées. De l'éblouissement et de la diversité calculée du dehors l'âme passe en y pénétrant dans le grave, le simple et la perfection de l'unité. L'extérieur était coquet dans sa sublimité même : l'intérieur est beau Cinq nefs gigantesques de portée et de largeur, un dallage de marbre rouge, noir et blanc dessiné en grandioses arabesques, une absence absolue de chaises, de bancs, de tapis, une voûte couverte de fresques : voilà des notes vraies, mais qui à peu près pourraient s'adapter à vingt cathédrales autres. Ce qui caractérise le Dôme intérieur de Milan, c'est la noblesse religieuse et inspirée, le cachet de recueillement et d'élevation, la grandeur de proportions et pour tout dire l'harmonie.

Quand, saisi d'un sentiment indicible de recueillement, on s'est longtemps arrêté sur le seuil, comme magnétisé par la douce et calme majesté de l'immense vaisseau, on s'avance dans le demi-jour jusqu'au centre de la croix, on trouve une balustrade entourant une ouverture souterraine : c'est la crypte où repose saint Charles Borromée. Une rampe placée en face de la sacristie permet d'y descendre. Elle se compose d'une demi voûte dont le sommet est vitré. Au fond l'autel éclairé par quelques lampes mystérieuses supporte dans le tabernacle tout de vermeil le corps du saint ; mais à certaines époques de l'année cette enveloppe s'enlève et les fidèles sont alors en face d'un cercueil en cristal à travers la limpidité duquel leur foi peut contempler les restes mortels de leur auguste protecteur.

Ce qui constitue la richesse artistique de ce sanctuaire est la frise du haut, travail d'orfèvrerie de la plus fine exécution, sans parler des 4 millions d'argent comme matière première, qui reproduit en relief toute la vie du Saint.

Un jeune homme portant l'habit ecclésiastique nous avait suivis : il nous fit entrer dans le Sanctuaire même, sur les marches de l'autel. Avec un falot attaché à un baton et muni d'un réflecteur, il promena successivement une bonne lumière sur les merveilleuses ciselures.

C'est lui qui nous apprit que c'est à tort que cette œuvre est attribuée à Benvenuto Cellini, mort plusieurs années avant sa confection, en 1584. Je note néanmoins comme le meilleur des éloges cette erreur accréditée qui attribue à la plus haute célébrité l'exécution de cette magnifique décoration.

Nous glissâmes avec quelque embarras une pièce de monnaie dans la main de notre complaisant cicerone : l'embarras ne fut que pour nous.

En remontant, nous entrâmes dans la sacristie dont le Trésor jouit d'une réputation européenne. Je le visitai sans enthousiasme. Ces vases sacrés loin de l'autel, ces ornements montrés comme simple curiosité, les sacristains et les étrangers s'agitant et parlant haut, brisaient le ton auquel j'étais habitué depuis mon entrée dans le temple ; des bustes de quatre archevêques, grandeur naturelle, des plats autour desquels six personnes pourraient prendre place, des chandeliers de douze pieds de haut, le tout en argent massif, constellé de pierres précieuses, y présentent à ceux qui aiment voir des masses de métal une large satisfaction. Un missel datant de 1028, la mitre de saint Charles Borromée, le calice dans lequel le charitable archevêque portait pendant la terrible peste de Milan les consolations religieuses, un reliquaire de Benvenuto Cellini, des ciboires antiques et dans lesquels l'art lutte d'éclat avec la richesse des ornementations, enfin de grandes tapisseries soie et or, voilà avec deux tableaux que sans doute la disposition pénible de mon esprit me détermina à ne pas voir avec enthousiasme, les principales merveilles de la sacristie.

Le chœur est entouré d'une galerie de marbre blanc qui fait de lui une sorte de temple dans le temple luimême. Les deux grands piliers à partir desquels commence le chœur sont flanqués de chaires d'une excessive richesse ; et comme si dans une telle cathédrale tout devait être double, deux orgues d'un luxe de balustrades et de dorures inouï occupent à droite et à gauche le vide des deux premières colonnes.

Une des curiosités les plus bizarres qui m'ait frappé se trouve dans le bras droit de la nef transversale. C'est une statue de grandeur naturelle, en marbre, représentant un écorché qui porte sur son épaule sa propre peau, comme nous plaçons notre pardessus quand nous avons trop chaud. Il est assez difficile de s'expliquer tel sujet en tel lieu : les renseignements manquent aussi sur l'époque de l'art à laquelle on pourrait le rattacher. Une inscription gravée sur le piédestal n'élucide guère la question, bien qu'elle soit ainsi conçue: *non Praxiteles sed me fecit Agrates*, je suis non de Praxitèle mais d'Agrates. Quoiqu'il en soit, on est convenu au Dôme de supposer que cette statue est celle de saint Barnabé qui fut effectivement écorché.

La visite de la cathédrale pour être complète doit se terminer par l'ascension du Dôme lui-même. En arrivant sur le toit, recouvert de larges dalles de marbre, l'œil longtemps caressé par la double lumière de l'intérieur est de nouveau ébloui Les clochetons, les dentelles, les statues aperçus du bas se découpent avec la netteté que produit le rapprochement. C'est delà qu'on peut admirer la finesse des détails et le nombre des statues.

Cette plate-forme est si vaste et si entrecoupée d'ornementations qu'il est de la plus extrême prudence de prendre un guide pour ne pas s'égarer dans son dédale. Ce n'est peut-être que grâce à lui que vous parviendrez à découvrir les statues inimitables d'Adam et d'Eve dont les dessins si non l'exécution émanent de Michel-Ange. Ces deux chefs-d'œuvre sont les plus beaux peut-être que l'Italie possède. C'est après la chute originelle que l'artiste a pris ses sujets: Adam n'est point l'œuvre grecque qui tend à l'expression pure de la beauté, c'est l'homme dans toute la richesse native de la race, mais condamné au travail; les muscles brisent la rondeur des formes, la luxuriante chevelure semble massée par la sueur du jour; il tient à la main un instrument de labour et sa complète nudité à peine masquée par cette pelle qu'il va enfoncer dans la terre éclate comme une punition.

Eve est bien la femme de celui que nous venons de

voir. Ses long cheveux, sa vigoureuse carnation, ses membres puissants comme le rêve le plus passionné peut les créer pour la mère du genre humain, ne sont pas ceux de la Vénus antique; ils se sont tordus déjà dans les douleurs de l'enfantement. On ne voit pas autour d'elle de petits enfants, mais involontairement on cherche au moins Abel.

Admirable conception! Admirable hauteur du talent humain, qui a su retrouver à travers six mille ans la vérité pure, nette, indiscutable et ne la modifier qu'en l'éclairant du reflet sublime de la pensée!

Je redescendis la tête pleine de souvenirs, l'âme satisfaite et les jambes, il faut l'avouer, fatiguées de ce long quoique merveilleux examen. J'avais projeté de compléter ma journée par la visite de quelqu'autre curiosité. Mais il est des heures où il faut se recueillir et se reposer dans le travail mystérieux de l'incubation.

Je pris place devant un café, d'où je voyais toute la façade du Dôme; j'allumai une cigarette, je me fis servir *un picco di chiavenna* et à force de matériaux dans l'esprit je finis par ne penser à rien et à laisser se croiser tout ensemble la fumée de mon tabac, les vapeurs de mon cerveau, la silhouette de la cathédrale et les visages pales, encadrés de dentelles, des milanaises inconnues.

VI

Milan est une ville de 200,000 habitants, pleine de mouvements et d'animation à toute heure du jour.

Les rues n'ont pas de trottoirs proprement dits, mais dans leurs pavés sont incrustées des bandes de larges dalles posées de façon à offrir aux voitures une chaussée parfaitement unie. Les piétons respectent avec soin ces sortes de rails qui dans les rues importantes sont doubles Le surplus de la rue appartient aux promeneurs que les cochers entourent sur ce terrain d'une juste réciprocité d'égards. Les maisons sont hautes, ornées de balcons massifs et abritées contre le sòleil par de vastes stores de toutes couleurs. Rien n'est comparable à l'inextricable labyrinthe des rues qui toutes sont tortueuses et décrivent un ou plusieurs arcs de cercle. La nécessité a classé ces voies de communication sous des dénominations spéciales dont la délicatesse n'est guère appréciable que pour les indigènes. *Corso*, *via*, *contralda*, *Vicolo*, etc. indiquent une rue qui se poursuit jusqu'à l'enceinte extérieure de la ville, ou qui aboutit au Dôme, ou qui coupe ces artères principales.

Les cafés sont peu nombreux. Le soir et quelquefois

le jour des troupes de musiciens en plein air régalent les consommateurs de quelques morceaux mieux écrits qu'interprétés, pendant que dans les ruelles étroites des orgues portatifs excellents imitent et remplacent presque des orchestres complets. Il n'est pas rare d'en voir séjourner un demi-jour à la même place. Est-ce habitude? Ou bien derrière ces stores de pailles recouvrant le balcon sous lequel s'exécutaient ces haltes quelque nature indolente demande-t-elle à être longtemps bercée dans les atomes énervants dont la musique comme les parfums parsèment l'atmosphère. Problème....

Revenons au café. Il est reçu de s'asseoir dans ces établissements sans s'y livrer à aucune dépense.

En revanche, les bouquetières sont moins patientes. Cette industrie est à Milan à son apogée. Elle est exercée par des femmes généralement jeunes, mises avec simplicité, la tête nue; elles s'approchent de tout homme assis, et choisissant dans leur panier passé au bras lui offrent un petit bouquet artistement monté.

Avec la méfiance et la brusquerie qui accompagnent souvent les voyageurs, je fis à l'importune un signe de tête négatif. Elle me salua gracieusement et déposant son bouquet sur ma table disparut comme un lutin. Dix minutes après, elle revint, je n'avais pu résister au désir d'aspirer le parfum de ce bel œillet; un *gratia, signor*, des plus harmonieux annonça à mes voisins que je venais de m'exécuter. Comme on le voit, l'impôt de la bouquetière est forcé; mais ce qui le démontrera mieux encore c'est que si, par impossible, la première a été repoussée, il ne se passera pas cinq minutes qu'une autre ne revienne bientôt, suivie d'une 3e et ainsi de suite. Pour arrêter net cette avalanche, il n'est qu'un moyen : c'est de montrer son propre bouquet; l'effet est foudroyant, et avec une fleur!

Au surplus, tout ce manège s'accomplit sans paroles; jamais une bouquetière ne s'abaisse à demander une pièce de monnaie; elle donne et elle accepte: il y a une certaine noblesse dans la corporation.

J'en ai dit beaucoup trop peut être sur ces insouciantes créatures qui ont plus d'un rapport avec l'abeille et qui sont comme les avant-coureurs de la population féminine de Milan. Il faut de toute nécessité ajouter encore un mot: c'est que là comme à Venise elles jouissent d'une réputation proverbiale de vertu.

Milan compte un assez grand nombre de théâtres. Celui de la Scala qui, comme chacun le sait, est une des premières scènes lyriques d'Europe, était fermé lors de notre passage. Nous fûmes contraints d'aller juger les soirées milanaises aux théâtres Re et Carcano. Le 1er donne la comédie-farce, qui le plus souvent n'est qu'une traduction bâtarde du répertoire français. Le Carcano joue l'opéra; le soir que nous y allâmes, c'était le tour de Robert-le-Diable. Nous passâmes là deux médiocres soirées.

Il faut avouer qu'à plusieurs autres points de vue la France sait encore se faire regretter. Nous avons souffert à Milan de la mauvaise qualité du tabac et du vin: le premier fort, mordant, brûlant le palais.., le second lourd, gros, noir.

Quant à la plus belle moitié du genre humain, il est aussi téméraire de la juger d'une manière générale au-delà qu'en deçà des Alpes. Comme l'amour, les femmes échappent à toute définition générale; on peut bien les esquisser tous deux en disant de l'un: c'est la recherche du beau infini poursuivi au moyen de l'union intime, et de l'autre quelque banalité analogue; mais le climat, l'éducation modifient tout en un sujet si délicat, et la question de latitude en dit souvent plus qu'un long traité. Sous les tropiques, les femmes sont des esclaves; à Londres, on les trouve sur le trône : trop de servitude ici, trop de raison là ; entre ces deux extrêmes qui sont des déviations, il existe une zône intermédiaire où la femme est libre, intelligente et sait sa valeur et sa faiblesse. C'est dans cette latitude dont nous n'entendons pas déterminer les limites précises, que Milan se trouve, à notre humble avis. Mais bornons-nous à une esquisse de formes.

Les Milanaises sont de taille moyenne, le teint bistré, le nez gros, l'œil et les cheveux noirs, la main puissante, le pied fort ; mais la chute des épaules est admirable et la poitrine développée avec vigueur....

Toutes, elles ne portent sur leur tête et leurs épaules que des ajustements noirs; un voile de dentelle attaché sur le front encadre la pâle vigueur de leurs figures et retombe, en se drapant, sur leurs luxuriantes épaules avec une gracieuse sévérité. Si n'était l'éventail et son jeu merveilleux d'adresse, on les prendrait toutes à leur démarche si posée, à leur costume si décent, pour les modèles des madones de l'école naïve du XVe siècle.

VII

Milan possède un grand nombre d'églises.

L'une d'elles, Santa Maria Delle Grazie dépend d'un ancien couvent dans le réfectoire duquel se trouve une des plus grandes curiosités artistiques connues, la Cène de Léonard de Vinci.

Certes, ceux qui d'après les gravures s'attendent en entrant dans le réfectoire à contempler un tableau qui leur apparaîtra selon les règles ordinaires, sont singulièrement étonnés de la réalité ; car ils se trouvent en face d'une fresque écaillée et dont la plupart des détails ont disparu. Mais il ne faut pas rester longtemps en contemplation devant ces sublimes vestiges pour y reconnaître le cachet impérissable du génie inspiré et y retrouver la commotion communicative qui est son caractère spécial.

Léonard de Vinci avait joint à son culte pour la peinture les études les plus sérieuses en mécanique, en architecture, en mathématiques. Les lois de la perspective et de la pesanteur n'ont jamais été possédées par aucun artiste à un plus haut degré, et voilà pourquoi sa Cène se soutient sinon par les beautés accessoires et finales dont il l'avait revêtue, du moins par l'harmonie, l'unité d'aspect, la sincérité des positions et la sûreté de la perspective. L'œil a peine à suivre les lignes que son pinceau avait profondément dessinées et que les temps ont dégradées ; mais l'esprit les rétablit sans difficulté parce que Léonard de Vinci les avait peintes dans la direction du vrai et du beau. Plus on reste devant cette fresque, plus on la voit se rajeunir, plus il semble que le regard devrait apercevoir de vide, plus au contraire il aperçoit de qualités : tel l'auditoire d'un grand orateur qui, animé de son éloquence, termine sans lui la phrase inachevée.

Abstraction faite de notre goût personnel, il n'est pas possible que les connaisseurs soient tous unanimes en admiration sans réserve devant cette œuvre par parti pris ou par routine. Et l'histoire des accidents qui lui sont arrivés démontre cependant combien elle a souffert : retouchée et presqu'entièrement repeinte trois fois en trois siècles; percée par une porte que les RR. Pères eurent la déplorable idée d'ouvrir de leur réfectoire à leurs cuisines, ayant vu devant elle des magasins de fourrage et des bivouacs, lavée par la pluie filtrant du haut des toits vermoulus, elle a subi tous les outrages. Mais cela n'a pu détruire ni la majesté de l'agencement général, la puissance de conception des têtes des apôtres groupés par trois, ni l'éclat du Christ, mélange ineffable de douceur, de calme et rayonnant d'une telle sérénité divine qu'elle est la plus radieuse expression qui soit jamais sortie d'un pinceau humain !

Des siéges, des appareils d'optique sont préparés aux visiteurs. Nous en usâmes longuement et longtemps après l'avoir quittée nous la revoyions encore devant nous cette sublime création sans rivale.

On nous avait recommandé, et non sans raison, deux musées publics auxquels nous consacrâmes deux jours. Nous commençâmes par la bibliothèque Ambroisienne.

Je ne parle pas de son catalogue lui-même qui m'a paru et qu'on m'a dit considérable, mais seulement des objets d'art qu'elle contient. Dans un petit entre-deux éclairé par le haut, notre cicérone nous arrêta d'abord devant quatre bas-reliefs du danois Thorwaldsen, l'élève et j'ose dire l'égal de Canova : Bacchus donnant à boire à l'Amour — L'Amour éveillant Psyché.

Presqu'à côté nous entrâmes dans une salle où des vitrines soigneusement fermées nous permirent du moins de voir les curiosités manuscrites les plus rares.

Les dessins, épures, études de Léonard de Vinci, des autographes de Torquato Tasso, de Galilée-Galiley, une lettre de Lucrèce Borgia au cardinal Pierre Bembo, avec un mèche des cheveux blonds de la princesse, etc...

En suivant, nous rencontrâmes la série des manuscrits proprement dits : vingt bréviaires du XIVe siècle éclatant d'enluminures, le discours de Cicéron *pro Scoro* copié au IVe siècle et recouvert au VIIe siècle d'une deuxième écriture, selon l'usage qui pendant un certain temps régna au grand détriment de la littérature et l'a privée de tant d'œuvres, une traduction sur papyrus de l'historien Flavien Joseph par Ruffino et qui remonte au Ve siècle, une bible copiée par un nommé Isaac Nero au VIIIe siècle, un Virgile dont les marges sont couvertes d'annotations admiratives de Pétrarque lui-même, etc. Ici notre cicérone nous raconte que l'empereur Napoléon Ier emporta ce précieux souvenir de Milan à Paris. Mais 1815 a passé... Le Virgile est revenu !

Dans la galerie des tableaux, je note un Annibal Carrache, le carton de Raphaël de l'Ecole d'Athènes où le crayon a indiqué tous les effets de la peinture, des dessins de Bernardino Luini parmi lesquels *Tobie confiant son enfant à l'ange*, des Breughel extravagants, quelques ravissants bustes de Canova et plusieurs Appiani.

Il n'est guère posssible d'errer au milieu de tant d'objets d'art sans désirer en posséder au moins un. Dans une des salles que nous visitions j'eus une indescriptible émotion en apercevant au bas d'un tableau d'Appiani une inscription qui l'indiquait à vendre.

Cette anomalie dans une galerie me fut ainsi expliquée : beaucoup de corps d'industrie sont en Italie organisés en corporation. Le peintre Appiani ayant eu beaucoup à se louer des Camerieri et des Cuocchi leur donna dans un jour d'entrain un de ses chefs-d'œuvre. Les deux corporations fort riches alors déposèrent à la bibliothèque ce gracieux présent et aujonrd'hui elles se décident à le vendre. Le tableau me plaisait. J'en demandai le prix. On me répondit que pour 25,000 francs j'avais le droit de l'emporter. Appiani n'a pas comblé des ingrats.

Notre seconde visite fut pour le musée Brera. C'est le grand ornement de Milan et le véritable arsenal de ses richesses artistiques. En entrant dans la vaste cour qui forme le centre du Palais, on est tout d'abord frappé d'une statue en bronze de l'empereur Napoléon Ier par Canova.

De larges rampes nous permirent de monter dans les nombreux salons du musée malheureusement alors encombrés par l'exposition des artistes vivants. J'avais le matin même acheté d'un brocanteur un petit tableau de la fin du XVIe siècle qui avait excité chez Ludovic le penchant de l'acquisition ; peu s'en fallut qu'il ne devînt de son côté acquéreur dans l'exposition d'une ravissante sculpture en marbre blanc : *l'Amour s'ignorant.* Mais lorsque nous retournâmes le lendemain pour entrer en pourpalers, un écriteau nous apprit que Ludovic avait eu l'honneur d'avoir le même goût que le gouvernement de Sa Majesté italienne et qu'il était trop tard.

La collection de l'Académie est très-nombreuse et très-belle. Je citerai une grande toile dont la vue donne le frisson, représentant le martyre de sainte Catherine, par Gandenzio Ferrari, des œuvres du Procaccino, du Domenichino, du Tintoret ; plusieurs grandes peintures de Paul Veronèze, ce peintre qui a le talent d'être compris de chacun, de posséder la science absolue des décors, depuis le palais dont il peindra un portique merveilleux dans le fond de son tableau jusqu'aux moindres objets de parure des femmes voluptueuses qui étalent sous sa lumière argentine toute la richesse de leur exubérante vigueur, les magnificences de leurs luxueuses toilettes, et les mêlent aux pourpoints brodés des seigneurs, aux sautillements des pages et des chiens, aux éclats des draperies et des ameublements, des vases ciselés, des tables chargées de fruits ; peintre d'une époque déjà licencieuse, vivant au sein du relâchement des mœurs, peignant avec les souvenirs de la veille, mais possédant toutes les ressources de l'art.

Ces peintures de Véronèze sont belles, mais une ronde des Amours de l'Albane et le mariage de la Vierge de Raphaël élèvent à de bien autres hauteurs ! ! ! L'Albane excelle dans les groupes d'Amours enfants : je vois encore cette gracieuse composition où une douzaine de ces charmants démons ailés dansent en se tenant les mains autour d'un arbre séculaire dans les rameaux duquel trois de leurs plus roses camarades, armés d'instruments olympiens, font pleuvoir sur la ronde l'harmonie d'une cadence langoureuse ; dans le ciel, enveloppée d'un nuage diaphane, Vénus reçoit le baiser de l'un d'eux dont les ailes écartées indiquent le désir de ne pas redescendre : dans le fond, un temple mystérieux, un torrent qu'un ravisseur chargé de son doux butin traverse sur un char antique. Voilà des détails, mais la couleur, mais la perfection, le mouvement, ce pied en l'air, cette jambe fléchie avec grâce, cette ombre, ce mystère, qui les rendra par la plume ?

Et cependant plus splendide, plus admirable encore est le mariage de la Vierge de Raphaël. Ce n'est pas vainement que le monde entier décerne l'immortalité, et les grandes réputations sont choses méritées.

Le Grand-Prêtre, vu de face, tient les mains des Divins Epoux qui échangent l'anneau : leurs profils à demi-inclinés sous le respect religieux, la modestie virginale, l'attitude candide et pure de la Vierge sont d'une composition radieuse. Il faut voir à droite du tableau comment est posé sur une seule jambe cet aide des cérémonies qui de son genou ployé brise la baguette de coudrier, emblême et figure symboliques. Et ces compagnes blondes, de ce blond dont Raphaël avait le secret ; et ce temple dont la coupole et les portiques circulaires sont de ces modèles tout tracés et que, chose bizarre, nul architecte n'a osé tenter, quel ensemble doux, serein, digne de toute la chasteté de cette union, préface de l'ère nouvelle ! ! !

Je l'avoue, j'étais à peine au milieu de ma course au travers des chefs-d'œuvre accumulés dans les salons du musée ; mais je dus renoncer, après ma longue contemplation devant cette œuvre si bienfaisante, à un examen sérieux du surplus. Agar chassée, du Guerchin, la Vierge de Sassoferrato, rien ne sut plus me satisfaire et ce n'est que dans la dernière galerie que, soit effet naturel soit puissance de l'art, je me remis à admirer de tout cœur les fresques de Bernardino Luini et notamment son Assomption de sainte Catherine.

Le lendemain matin nous achetâmes les photographies des tableaux qui nous avaient le plus frappés: on sait ceux qui composèrent mon choix. Une voiture que nous prîmes ensuite nous mena chez le consul de France où nous fîmes, moyennant chacun deux francs soixante, viser nos passeports, *à défaut d'un agent autrichien dans cette ville*, pour la Vénitie. Delà je me rendis chez M. Udolfi, banquier, qui sur une lettre du Crédit industriel et commercial s'empressa avec une grâce parfaite de me remettre une lettre de crédit sur M. Jacob Levy et fils, son correspondant de Venise, mais non son imitateur en politesse.

Le temps marchait ! ! ! Malgré les charmes que chaque jour nous voyions s'augmenter pour nous à Milan, au milieu de cette population douce, polie, gracieuse, au milieu des sculptures que nous découvrions aux façades des vieux hôtels, au pied de cette splendide saillie blanche du Dôme, à moins de prendre racine et de ne pas accomplir notre programme, il fallait partir.

C'est ce jour, je crois, que notre inexpérience en vin nous induisit à demander pour déjeuner une bouteille d'Asti blanc : vin sucré, mielleux, fortement musqué, légèrement mousseux, bon enfin pour boire au dessert, mais que l'amour de la couleur locale nous imposa à contre-temps.

Une course à la grande, à l'immense Place d'armes (600 mètres sur chaque face) un coup d'œil aux arènes modernes préparées là sans doute pour les grandes fêtes nationales, nous dédommagèrent à peine d'avoir quitté un instant le centre de la ville.

Enfin, nous fîmes avec nos malles mille réflexions

philosophiques : Ludovic me laissa tout à mon aise débiter ma théorie qu'en voyage il faut s'arrêter où l'on se trouve à son gré et abandonner tout plan préconçu ; que voyager c'est non courir après l'inconnu mais après la paix et le bonheur, qu'il vaut infiniment mieux ne rien regarder que trop voir. Ce qui ne l'empêcha pas, après avoir soldé la note très-honnête de notre hôtelier, de donner l'ordre qu'on nous réveillât pour le premier train du matin, et, pour conséquence, à l'aube du jour tous deux nous étions emportés par la vapeur dans la direction de Brescia.

VIII

Brescia est une cité de 40,000 mille âmes qui a un énivrant parfum d'antiquité. On n'a qu'à y creuser légèrement le sol pour retrouver les fondations de la colonie romaine.

République indépendante dans le moyen-âge, puis incorporée tantôt au Milanais tantôt aux États-Vénitiens selon le sort des combats, elle avait fini après les guerres de l'Empire par tomber sous la domination autrichienne dont elle garde le plus exécrable souvenir.

Enfin, la guerre de 1859 l'a réunie au royaume d'Italie et de l'oppression étrangère l'a fait passer dans l'union nationale.

Heureux de cette délivrance, les Brescians jouissent aujourd'hui d'une réputation justement méritée du plus ardent patriotisme: placés comme en vedettes à quelques pas de la frontière, ils n'aspirent qu'à verser dans un suprême effort pour la patrie commune le plus pur de leur sang, et ces paroles n'ont rien d'exagéré.

Ils représentent le citoyen tel qu'il en faut à un peuple qui revendique ses droits. Leur nature s'adapte merveilleusement à cette grande mission ; mais pour être vrai, il faut ajouter que la politique autrichienne n'a négligé aucune faute pour la développer encore et se faire d'eux des ennemis irréconciliables.

Il faut les entendre, avec leur voix douce et leurs gestes naïfs raconter les horreurs commises dans leurs murs par les Autrichiens. C'était en 1849 ; au cri de liberté, l'Italie s'était soulevée, et Brescia plus énergique avait chassé l'étranger. Quelques jours après cet élan, les Autrichiens rentraient après avoir bombardé, incendié, démoli la ville héroïque Un simulacre de capitulation avait du moins stipulé l'inviolabilité des personnes.

Dès le lendemain, brisant toute retenue, les Autrichiens commençaient à fusiller tout individu dénoncé suspect, les femmes, les vieillards, oh ! honte, les enfants, furent passés par les armes de ces guerriers, de cette armée victorieuse d'une ville dont la faute avait été d'être enthousiasmée au cri de l'indépendance et victorieuse un instant sous le coup du plus noble des délires. Et ceci n'est pas éloigné. Avoir vu égorger ceux qu'on aime n'est pas spectacle que le temps efface de la mémoire et il est des souvenirs qui sont toujours récents.

Aussi, non pour eux mais pour leurs enfants, non pour leur génération mais pour l'histoire, les Brescians ont immédiatement après 1859 dressé sur leur grande place publique un monument commémoratif de ces lugubres épisodes.

C'est une statue de marbre blanc représentant une femme gracieuse et idéale, la patrie ou l'immortalité. Sous sa beauté radieuse, placé là comme le plus émotionnant des contrastes, un piédestal porte quatre bas-reliefs sans inscription, sans légende. Les mots sans doute ont paru impuissants... Le marbre parle seul, mais quel langage !

Sur le premier, le sculpteur a représenté la population en armes chassant les Autrichiens. Sur le deuxième, en présence des Brescians affaiblis, de leurs femmes pansant les blessés, les Autrichiens arborent le drapeau parlementaire. Sur le troisième, contre un mur, la poitrine nue, le front levé au ciel, les Brescians sont fusillés par pelotons.

Sur le quatrième, les survivants enfin délivrés exhument les dépouilles de ces martyrs.

Au bas, rien, sinon des dates, de simples dates qui sont sur le marbre comme un fer chaud appliqué sur l'épaule de l'Autriche perfide, et comme un serment solennel de haine que le ciel et que Dieu qui le voient approuvent et bénissent.

Ce monument absorbe profondément la pensée du voyageur. Il nous fallut de vrais efforts pour le quitter et reprendre notre course vers les autres curiosités de la ville.

Brescia, comme toutes les grandes villes d'Italie, possède au moins une trentaine d'églises dont le style original déroute toutes les idées préconçues.

On nous avait beaucoup vanté les deux cathédrales qui nous ont paru surfaites. Il est très possible qu'en effet la plus vieille des deux a été bâtie sur les bains de Diane, ainsi que semble l'indiquer l'espèce de piscine ronde placée sous la coupole, mais cette certitude ne suffit nullement pour engendrer un sentiment profond, et c'est avec plus de plaisir que nous avons visité Santa Maria dei Miracoli, église de la fin du XVe siècle et qui s'est trouvée sur notre passage. Au milieu de tant d'horizons divers qui nécessiteraient pour être tous entrevus un temps et des études considérables, la difficulté est de choisir. Pour nous, nous nous décidâmes à négliger plusieurs monuments et à nous consacrer à l'examen d'un temple de Vespasien qui est un des beaux souvenirs de la période romaine. Sa base seule existe encore mais suffit pour donner, avec le socle des colonnes, quelques futs tronqués encore debout et les degrés antiques qui subsistent, une idée précise de la manière des constructions du peuple-roi. Les temps modernes ont profité de l'état des lieux pour réédifier selon le plan primitif le temple lui-même ; puis on a établi dans les trois salles qui constituaient son intérieur un triple musée que les fouilles les plus insignifiantes dans le sol enrichissent chaque jour. On aurait peine à se figurer l'innombrable quantité de fragments, de bas-reliefs, de monuments funéraires ou votifs, d'autels de sacrifices réunis dans cette collection. Mais la pièce capitale dont la trouvaille est fort récente est la statue en bronze de la Victoire ailée, de deux mètres de hauteur, qui appartient à la meilleure époque grecque. On conçoit facilement que les Romains vainqueurs des Grecs l'aient apportée jusqu'à Rome et de là à Brescia. Mais comment un tel chef-d'œuvre a-t-il été enfoui pendant des siècles sans que le souvenir l'ait fait rechercher? Ce qui est certain c'est qu'en 1836, à quelques centimètres de la surface du sol, des ouvriers occupés à ouvrir une tranchée à quatre pas du temple le découvrirent admirablement intact.

Après ces émotions antiques, nous nous rendimes au palais Tosi qui renferme une galerie remarquable que le comte de ce nom a léguée à la ville. Dans des appartements qui conservent un cachet intime, un gardien nous fit voir un Christ de Raphaël de petite dimension, mais plein de suavité, l'adoration des Mages de Giorgone, et surtout la toilette de Vénus de l'Albane traitée avec la grâce et la légèreté que nous avions déjà admirées à Milan dans sa ronde des Amours.

Plusieurs sculptures savamment disposées dans le palais obtinrent aussi tous nos suffrages : deux médaillons de Thorwaldsen, représentant le jour et la nuit, unissent à une poésie éthérée la grâce et l'harmonie de l'inspiration. Plus loin, dans un petit boudoir simulant presqu'un sanctuaire, s'élève sur une légère colonne le buste de l'Eléonore du Tasse, par Canova, avec cette poétique épitaphe, la plus radieuse que puisse envier une femme :

Cor pudico, alta mente et nobile volto.

En revenant de cette double excursion, nous nous dirigeâmes vers la bibliothèque publique où nous espérions trouver quelque nouvelle curiosité. En effet, guidés par le bibliothécaire lui-même auquel nous eûmes assez de peine à faire comprendre que nous ne désirions nous livrer qu'à une visite sommaire, nous arrivâmes enfin dans un petit cabinet où une armoire solidement verrouillée s'ouvrit pour nous montrer au milieu de divers autres objets le grand souvenir que nous cherchions, la lettre fameuse des dames de Turin envoyée aux dames de Brescia après les évènements de mars et avril 1849, dont on a parlé plus haut. Il faut lire ces pages émouvantes dans lesquelles, bravant le sort contraire des armes et planant sur la future patrie, les Turinoises filles, sœurs, épouses, mères, aïeules écrivent à leurs amies leurs sympathiques consolations. Toutes les signatures (plus de quatre mille) sont précédées d'une précaution pleine de cette délicatesse qui peint ces femmes à l'âme virile : c'est un mot qui indique de la part de chacune la perte à laquelle elle rattache sa manifestation. L'une écrit pour un père et signe, l'autre pour un époux, celle-ci pour un frère, celle-là pour un fils ; de sorte que les Bresciannes, les yeux humides de larmes, pouvaient en parcourant le manuscrit l'âme oppressée de la perte spéciale qui les avait atteintes trouver et relire les noms de celles qui compatissaient à leur propre douleur.

Belle pensée que cette transmission de la pitié et de la sympathie par des femmes, seules capables de ressentir complètement la profondeur de certaines infortunes, à d'autres femmes, mères, épouses, sœurs, filles, aïeules comme elles ! Et si l'on réfléchit à la question politique impliquée dans de telles manifestations on peut ajouter : noble et vivace cause que celle qui fait battre le cœur des femmes, et selon l'heure peut compter sur elles pour écrire et même pour combattre !

Malgré la plus active surveillance, la police autrichienne ne put empêcher cette adresse d'entrer dans la ville, ni découvrir le lieu de son dépôt, d'où elle ne sortit que pour venir après 1859 splendidement reliée, prendre la première place marquée d'avance dans les archives municipales. Bien plus, peu de temps après les dames de Turin recevaient de Brescia, sur le même format, avec les mêmes recherches d'exécution extérieure, la réponse de remerciements signée par toutes les Bresciannes.

Cela était touchant, cela faisait gémir les Autrichiens et l'avenir se préparait, comme du temps d'Assuerus, par les mains que la Providence choisissait.

Nous retraversâmes la ville en divers sens et nous lui trouvâmes de plus en plus l'aspect d'une vieille cité, solidement bâtie, avec ses rues étroites entourées d'arcades, un mouvement d'affaires et de circulation considérable, des palais intéressants, notamment la Loggia. C'est à Brescia que nous vîmes pour la première fois, mais non la dernière, les marchés de légumes encombrés d'une espèce de champignon à large pavillon couleur orange et qui est une des consommations habituelles du pays.

Les habitants souvent interrogés par nous pour ces mille renseignements qui manquent aux étrangers, nous répondaient avec une grande urbanité ; beaucoup quittaient leur direction pour nous mettre dans la nôtre et nous laissèrent la conviction que cette population est d'une extrême douceur de mœurs.

Il fallait songer à nos estomacs que le traitement artistique ne contentait guères. Nous fîmes un repas à l'albergo Reale, selon la mode du pays, sur une table dressée dans la cour. En prenant ensuite le café chez Mignoni, nous crûmes trouver dans nos voisins les officiers italiens des officiers français au costume près : même gaieté, même sans façon, même naturel de poses, de gestes et de camaraderie. Nous devions coucher à Vérone, si toutefois nos passeports nous le permettaient. Il était donc temps de regarder l'armée d'ici pour la comparer à celle de là.

IX

Régulièrement le trajet de Brescia à Vérone devrait s'effectuer en deux heures ; mais c'est entre ces deux villes que se trouve les nouvelles frontières qui séparent le royaume d'Italie de la Vénitie et les formalités de douane et surtout de police doublent presque ce temps (1).

C'est à Peschiera que le gouvernement autrichien à établi ses bureaux d'examens et c'est là qu'il nous fallut sortir du train ainsi que tous les autres voyageurs pour entrer pêle-mêle dans de vastes bâtiments où nos bagages et nos personnes occupèrent immédiatement deux séries d'employés.

Somme toute, les choses se passèrent convenablement, mais sans embage. L'Autriche à première vue déclare nettement qu'elle n'ignore pas que son occupation vénitienne est abhorrée, mais que désirant la maintenir elle a pris le parti de voir des ennemis partout et de ne laisser ni choses, ni personnes suspectes franchir la frontière.

(1) Le lecteur n'oublie pas qu'il est en 1864.

Il n'est pas un voyageur qui ne sache cela à merveille et rien n'est plus original que l'aspect de cette foule d'étrangers qui circulent dans l'anxiété et la crainte d'être obligés de rebrousser chemin, pendant que dans des bureaux particuliers l'étude des passeports, des noms, des irrégularités se poursuit par la police.

En ce qui nous concerne, nous en fûmes quittes pour refaire péniblement nos malles que notre qualité de Français et quelques livres sans importance politique, mais emballés trop profondément, nous valurent de voir fouillées de fond en comble et nous n'eûmes qu'à tendre la main à un guichet pour recevoir nos passeports revêtus d'un visa de bon augure.

Nous avions tant entendu raconter de mésaventures arrivées à Peschiera à des gens qui se croyaient parfaitement en règle, que nous éprouvâmes une vraie joie à avoir enfin sur nous la vraie certitude que nous pourrions accomplir notre voyage. Nous aurions presque acclamé cette bonne police autrichienne, avec laquelle, au surplus, nous n'eûmes plus rien à démêler au sujet de la liberté de notre circulation. Je dis à ce sujet, car ainsi que la suite l'apprendra, je devais avoir avec elle et sur d'autres motifs de bien sérieux et bien douloureux rapports.

Quand chacun eût eu réglé son compte et reçu la permission ou le refus d'aller plus loin, le train reprit sa marche et nous nos observations.

Nous étions à Peschiera, l'une des quatre forteresses de ce fameux quadrilataire, revolver à quatre coups que l'Autriche a posé en avant de ses possessions italiennes, comme un voyageur égaré dans des pays inconnus place ses armes toutes prêtes sous son chevet avant d'essayer d'un sommeil agité.

La marche de la vapeur déroulait à nos yeux la

série des travaux inouïs de cette place, cependant la plus faible des quatre. Il serait aussi téméraire de chercher à compter les étoiles du firmament que la quantité des ouvrages qui l'enveloppent et la couvrent, armés, gardés, couverts de canons absolument comme si l'on attendait l'assaut ; nous en avions vu déjà autant avant d'arriver. La station qui précède Peschiera se nomme Desenzano, et dès que nous l'avions quittée les spectacles ne nous avaient pas manqué. A gauche le lac de Garde majestueusement encaissé dans un des plus grandioses amphithéâtres des Alpes, avec son bassin profond, sublime beauté de la nature ! A droite le champ de bataille de Solférino ! Sur un mamelon dessiné à l'horizon, la tour immortalisée par le combat formidable qui avait pour but et eut pour résultat l'affranchissement d'une partie de l'Italie.

Il n'entre pas dans le plan de ce modeste écrit de tenter la plus légère esquisse de ce grand épisode : les hommes spéciaux peuvent seuls raconter les faits de la guerre. Mais l'émotion, le patriotisme, les grandes idées de liberté et d'indépendance vibrent dans tous les cœurs, et traverser le champ de bataille de Solférino, contempler son terrain est et sera toujours pour tout Français une heure solennelle.

Un Brescian dont nous avions la bonne fortune d'être le voisin de wagon et qui faisait partie de ceux qui, le 24 juin 1859, épiaient d'une colline rapprochée les péripéties de la gigantesque mêlée, nous expliqua successivement les mouvements qu'il avait suivis du regard et redoublait par ces détails l'émotion qui remplissait nos âmes. Enfin, nous arrivâmes à Vérone à la chûte du jour, le soleil couchant tombait en rasant le sol sur les innombrables sommets des forts.

Il faisait nuit lorsqu'après être descendus de notre

wagon à la *Porte-Neuve* et avoir, comme d'habitude, payé par 20 minutes d'attente l'inconvénient de voyager avec bagages, nous arrivâmes à l'hôtel *della Colombina*.

Nous n'étions pas gens à dormir sans avoir jeté sur la ville au moins un coup d'œil d'ensemble. L'Adige bruyant, quatre ponts, les deux rives encaissées couvertes d'habitations, scintillant de lumières, les silhouettes des bastions, tout cela gagnait en effet par la profondeur des ombres, l'indécis des fonds et le charme secret du soir !

Nous arrivâmes sur une grande place, si grande que les arènes romaines, les casernes modernes et les canons luisants et tutélaires y semblaient à l'aise.

C'est là que nous passâmes la soirée attablés devant le café Ferrari.

Nous étions au 15 septembre. La lune entrant dans la coupole bleuâtre du ciel le plus transparent, se levait en face de moi. Frappée en plein par le soleil caché pour notre horizon, elle renvoyait en pure et douce lumière ses rayons caressants sur la silhouette des arènes romaines qu'elle couronnait d'une frise d'argent. Devant nous, sur le trottoir circulait une série de promeneurs, presque tous officiers autrichiens dont les jaquettes blanches, les sabres traînants et tapageurs n'auraient point été déplacés dans la première nuit de Valpurgis.

X

Le lendemain matin nous voulûmes juger ce que nous n'avions qu'entrevu la veille, et nous entreprîmes une course en règle dans Vérone.

C'est une superbe ville qui conserve ses grands airs de moyen-âge, avec son ancien système de fortification tout crenelée et regorgeant de machicoulis, ses palais de la fin du XVe siècle qui ne le cèdent guère à ceux de Venise en pureté de style, en luxe d'ornementation, ses églises innombrables et en certaines places, telles que celles des Seigneurs et des Herbes. C'est au point de vue artistique une supériorité que toutes les villes d'Italie ont sur celles de France d'être restées elles-mêmes et d'être belles d'une vieillesse qui semble toujours jeune.

Notre premier pas fut pour les arènes romaines que nous voulions comparer à celles de Nîmes et d'Arles ; toutes trois ont subi les assauts des siècles, mais différemment. A celles de Vérone il ne manque que l'enceinte extérieure ; quelques arcades de ce revêtement qui subsistent encore, prouvent qu'elles étaient à trois étages, comme le Colysée de Rome, et fourniraient au besoin le modèle nécessaire à une reconstruction Les matériaux disparus ont servi à d'autres édifices ; on venait puiser aux arènes à une certaine époque comme dans une carrière : c'est l'éternelle histoire des distractions humaines, celle des manuscrits que j'avais vus l'avant-veille à Milan! Celle de nos tombes qu'on fouillera un jour pour y déposer d'autres cadavres !

En revanche, l'intérieur est d'une conservation absolue : pas une pierre ne manque, pas une arête n'est mordue par une mutilation ; les vomitoires, les places enceintrées des autorités, tout est resté ; et comme du centre de l'ellipse l'œil n'a plus rien à démêler avec le dehors, l'illusion est complète et l'on se surprend à attendre l'entrée du peuple et des gladiateurs.

Quarante-deux gradins sont disposés autour du cirque, coupés de distance en distance par de petits et moins rudes escaliers par lesquels les spectateurs circulaient.

On peut penser que nous n'avons pas visité les cinquante églises de Vérone. Nous nous concentrâmes sur Sainte-Anastasie et sur la Cathédrale. La première est d'une architecture ravissante et bien supérieure à l'autre malgré les titres ; comme détails, elle possède une série de tombeaux accrochés aux murs de la façon la plus bizarre : on croirait apercevoir des nids féeriques d'hirondelles dans lesquels les âmes, en attendant le jugement dernier, planent entre le ciel et la terre. La chapelle des Pellegrini en haut de la nef de droite ; ailleurs, ceux du comte Cavalli, du comte Cerego à cheval sur son cénotaphe suspendu, celui du comte Bonifacio di Summa-Campana, etc., tous du XIVe siècle. Le goût des sépulcres aériens régnait alors à Vérone, et les artistes rivalisaient dans ce genre. Je n'oublierai jamais l'effet singulier que me produisit, avant d'entrer à Sainte-Anastasie, celui d'un architecte de l'époque perché au-dessus d'une porte cochère et positivement clef de voûte de ce portail. Les idées que nous avons sur la mort et la relation intime qu'elle crée entre les profondeurs de la terre et nos dépouilles, sont d'abord renversées à l'aspect de ces tombeaux étranges, mais l'âme comprend vite la poésie de ces sépultures que les vivants n'aperçoivent qu'en levant les yeux au ciel.

A Vérone, les efforts des artistes se sont appliqués pendant une période de deux siècles à la recherche du beau dans les sépulcres comme à Venise dans l'ornementation des puits. A Vérone donc, vrai musée de monuments funéraires : on se heurte à chaque pas à des tombeaux traités avec un art et une magnificence prodigieux.

Les plus renommés sont ceux de la famille des Scaliger : placés les uns à côté des autres dans une des rues les plus fréquentées, sur une place entourée de la grille la plus ravissante de ciselage et de fine conception, ils constituent par leur élévation, leurs sculptures, leur masse, un grand sujet de curiosité ; à côté de ces sujets d'admiration que fortifie leur origine des XIIIe et des XIVe siècles, ils ont le défaut de posséder des inscriptions de la plus haute boursouflure. Qu'il y a loin de ces tombes vaniteuses à la simplicité religieuse de celle du Borromée de l'Isola-Bella ! La déclamation dans la mort, l'orgueil dans la poussière, l'impudence sous la pierre qui ne se relèvera plus, quelle négation de la nature vraie !

Scaligeram qui laude Domum super astra tulisset, porte l'épitaphe de Can François ! etc., etc. Nous nous éloignâmes avec pitié et dédain non des monuments mais des hommes pour aller dans le jardin *Justi* nous rapprocher de la nature et vérifier leur renommée moins trompeuse.

Le grand air, la pleine lumière, les fleurs, les arbres, que tout cela est beau et parle à l'esprit de tout ce qu'il aime, de la patrie, de la jeunesse, de la force, et je me mis à comprendre tout-à-coup, à la vue des ifs d'Italie, la douceur des grands ombrages de nos vieux tilleuls et des majestueux marronniers de France!

Au moment où nous allions sortir des jardins, le cicerone nous proposa d'inscrire nos noms sur le registre des touristes. En feuilletant les pages pour y chercher les passages de quelques compatriotes, je fus frappé d'une ligne étrange, elle portait :

Vive la France! Signé: Luiggia Sambo, via del ponte Ferrari, Venezia.

Je pris note de cette adresse si audacieusement annoncée, car crier : vive la France! à Vérone, c'était l'équivalent de crier chez nous : vive Marat! Je formai la résolution de consacrer dès mon arrivée à Venise ma première visite à la signora Luiggia

Hélas ! en souriant de l'attrait de cette trouvaille, je ne soupçonnais guère les dramatiques conséquences qu'elle renfermait!! Mais n'anticipons pas.

Il entrait dans notre plan d'aller, comme il convenait à des touristes amateurs, rêver quelques minutes sur le tombeau de Juliette que la tradition prétend exister à Vérone. Juliette qui...

Non, ce n'est pas l'alouette!

Eh! bien, nous y renonçâmes pour rentrer à l'hôtel et déjeuner. Il est des heures où les appétits grossiers dominent l'homme.

Et d'ailleurs, Venise nous appelait !

XI

On peut dresser le plan de Venise ; on peut décrire chaque dôme, chaque palais, compter les ponts, classer les canaux, mais la sensation de sa vue et de sa résidence, jamais ! Pour trouver des points de comparaison il faudrait supposer sur un gigantesque radeau toute une ville fantastique embarquée. Venise sort si peu des eaux que ses rues sont des canaux et que sans les travaux en avant, chaque tourmente de la haute mer la submergerait.

L'éclat de ses couleurs vives, de ses fresques en plein air, de ses marbres à toutes nuances, et son silence profond, sa vie sans bruit, son mouvement sans écho transportent dans un monde inconnu.

Il était cinq heures du soir lorsque mon regard reçut sa première caresse ! Le train qui nous emportait s'engagea sur le pont qui la relie au continent. A droite et à gauche, sous les rails, la mer d'un bleu violacé nous jetait au visage les senteurs aromatisées : en penchant la tête hors des portières, les dômes étincelants nous apparurent.

En sortant de la gare, un escalier descendait rapidement à un trottoir exigu : le trottoir bordait un large canal ; des barques de forme originale faisaient fonction d'omnibus. Nous nous laissâmes guider par l'exemple et nous sautâmes dans une de ces grandes gondoles ; un portefaix nota le nom de l'hôtel de la Lune que je lui indiquai, et presqu'aussitôt notre esquif démarra. Il marchait lentement comme il convient aux transports à bon marché, mais trop vite encore pour notre extase. Nous étions sur ce grand canal si souvent rêvé, avec sa double bordure des palais de l'ancienne aristocratie : les gondoles attachées aux portes, les escaliers de marbre baignant dans l'eau, frappaient nos regards agités. Nous passâmes sous un pont à voûte hardie, à parapet pointu, bizarre, beau; je ne savais qu'une chose, c'était le reconnaître, le pont du Rialto et lui promettre un prompte visite. Puis nous nous engageâmes à gauche dans des canaux étroits ; aux tournants nos gondoliers poussaient un cri, sorte d'appel plaintif auquel souvent répondait le même cri. Alors une gondole passait rapidement en évitant la nôtre, une tête de femme, une main, une draperie en sortaient, jetant dans notre soif de tout regarder, de tout comprendre, un inconnu de plus. Enfin, nous arrivâmes à notre hôtel.

Notre habitation est bâtie au bord de la mer, tout son mur méridional s'y baigne : de la mer partent deux rues de deux mètres de large sur lesquelles s'ouvrent nos deux façades ; l'une de ces rues s'appelle Calle della Ascension ; l'autre a sans doute son nom, mais je ne parviens pas à le découvrir sur les murailles. C'est cependant sur cette rue que donne notre appartement ; mais à défaut de ce souvenir elle nous en laissera deux autres. La maison qui nous fait face possède deux ravissantes Italiennes, leurs cheveux noirs encadrent leurs fronts d'ivoire, et elles sourient en voyant la contemplation respectueuse qu'elles m'inspirent. Nous sonnons le maître d'hôtel et tentons d'établir nos prix. Notre chambre a deux lits en fer qui nous réjouissent par leur propreté, un petit salon la précède; son ameublement principal est tout ce que nous avons à désirer: un grand canapé recouvert de soie rouge et une table où nous pourrons écrire tous deux; le tout est au premier étage et nous coûtera 4 fr. 50 par jour tout compris. Monsieur l'hôtelier, topez-là.

Il est neuf heures du soir, nous voici sur la place St-Marc. La nuit ne nous laisse voir que des ensembles et des silhouettes, la lune découpe en lignes d'argent le sommet des Procuraties vieilles et neuves, les magasins donnent de la lumière à raz du sol. Venise que j'ai vue en arrivant nager entre les flots et le ciel, flotte-t-elle maintenant entre les étoiles et une base de feu. Sur quelques points j'entends des orchestres: ce sont des musiciens ambulants qui déploient leurs talents devant de splendides cafés; nous nous asseyons pour les entendre. Ils attaquent les difficultés et à une troupe succède immédiatement une autre. Toute la ville semble comme nous attablée devant le café Florian, en pleine place, en plein air; la parole est aux violons et à la nuit: les garçons comprennent par signes; les bouquetières déposent comme à Milan leurs fleurs sur les tables et saluent. Il est onze heures.. Il est minuit.. Il est une heure. Le temps, la fatigue n'existent plus et il faut que le garçon nous montre que nous restons seuls et qu'il est deux heures pour que nous nous décidions à nous retirer.

XII

Le lendemain matin, j'entremêlai les soins de ma plus élégante toilette de diverses déclarations de principe à Ludovic: d'abord je voulais vivre absolument indépendant et errer seul à ma fantaisie, çà et là, au gré des hasards.

Enfin, j'entendais me lier intimement avec un gondolier et me livrer, en outre, à la recherche de la *Signora Luiggia.*

Ludovic riposta par un tout autre programme; nous ne pûmes nous entendre et sur ce, chacun s'envola de son côté.

La situation de notre hôtel déterminait mon entrée sur la place Saint-Marc par le portique qui fait face à l'Eglise et permet de l'apercevoir immédiatement, tandisque les Procuraties vieilles et nouvelles encadrent le coup d'œil à droite et à gauche. Grâce à l'heure matinale, la place St-Marc était déserte et son parvis de larges dalles polies, découpées de marbre blanc, donnait à la perspective le plus puissant secours.

En entrant sous le portique je fus instantanément appréhendé à la boutonnière par une bouquetière qui y attacha gravement quelques fleurs et s'enfuit en même temps. J'étais entouré d'une nuée de marchands de coquillages, de foulards, de petites gondoles, de produits orientaux. Signor par ci, signor par là ; j'offris le quart des prix et ce fut les poches déjà pleines que je marchai en avant.

Il faudrait un livre à lui seul pour raconter ce qui se voit dans les magasins de cette admirable Place, d'un bout à l'autre de la galerie de gauche, c'est-à-dire des Procuraties vieilles, les coraux roses, les émaux chatouillants, les mosaïques, le cristal de roche, l'ambre, l'amethyste étalent pour des heures entières les tentations. Actuellement il est si rare de voir dans une ville des étalages qui ne ressemblent pas à ceux de la ville voisine que c'est merveille de trouver enfin des objets nouveaux. Aussi je me sentis enlacé par ce démon de la flânerie dont les jouissances se présentaient incalculables. J'arrivai enfin au bout d'une des galeries. J'étais devant l'église St-Marc.

Oh ! merveille des merveilles, comment te dépeindre ? Qu'ai-je d'abord regardé ? Les cinq majestueuses portes de bronze, encadrées dans cinq arcs de hauteur double qui logent dans leur concavité supérieure cinq fresques de mosaïques dorées ? Est-ce, au contraire, les arcs du 2e étage avec leurs autres fresques ? Ou encore les chevaux de bronze qui furent coulés en Grèce au plus beau temps des arts, qui furent transportés à Rome par les légions victorieuses, qui de Rome allèrent orner les magnificences de la Constantinople du Bas-Empire, qui furent achetés par les Vénitiens, qui de Venise partirent pour Paris....? C'est peut-être cette petite colonne de marbre rouge vif avec son chapiteau corinthien que chaque jour je suis allé revoir, ou cette autre..... Je l'ignore, mais ce que je me rappelle c'est l'effet magique de cet ensemble, de cette masse, cet enchevêtrement de ces mille colonnes qui garnissent les à-côtés des portes, toutes différentes de nuances, de tons, de sculpture. Vrai bouquet de marbre ! Fantastique création dominée par le lion de St-Marc se détachant tout doré d'un champ d'étoiles dans lequel, la griffe appuyée sur l'Evangile, il montre ces mots : *Pax tibi Marce Evangeliste Meus* ! Paix à toi, Marc, mon évangéliste ! !

Mots cabalistiques, qui rappellent la gloire de Venise riche et libre et semblent aujourd'hui comme une amère dérision . . . .

. . . .

J'étais depuis longtemps, sans doute, attaché à tous ces détails extérieurs, lorsque je me heurtai à Ludovic.

Je lui proposai de s'engager avec moi à la recherche d'un restaurant, dont mes notes disaient merveille : Ristoratore alla Vapore.

C'est là qu'en analysant un singulier risotto aux moules, bizarre logique, le souvenir de la signora Luiggia des jardins Justi me revint et que je décidai d'aller immédiatement à sa recherche ; je me dirigeais donc peu après Calle Fiùbera. C'est bien là, d'après les registres du jardin Justi, qu'elle devait demeurer, mais qui était-elle ? fille ou femme ? bourgeoise ou patricienne ? Je lorgnais chaque maison, lorsque je me trouvai devant une petite taverne à portes et fenêtres enlevées selon la mode du pays et remplacées par d'épais rideaux rouges.

Bah ! pensai-je, que la signora me permette d'interrompre ma course vers elle pour consommer une tasse de moka vénitien... Et soulevant la portière de cotonnade j'entrai.

Il était quatre heures du soir. Je vois encore dans son

demi-jour le fond de cette salle carrée, ayant pour tout ornement un comptoir peu brillant et des tables entourées de chaises modestes.

L'établissement était désert, le bruit de mes pas fit sortir d'une deuxième salle une jeune femme.

— Donnez-moi une tasse de café.

Mon interlocutrice prononça plusieurs phrases italiennes.

Je répétai lentement : une tasse de café et j'eus la satisfaction de voir que j'étais compris.

— Il arriva et était délicieux. Le sucre, il est vrai, servi dans une tasse informe était en poudre et de mauvaise qualité ; *l'eau-de vie* goudronnée, accessoires !

Quant à la femme qui venait de me le servir, elle prit place familièrement à mes côtés et se remit à caresser mes oreilles de son idiome harmonieux.

Je la détaillais pendant ce temps : c'était une admirable beauté. Ses yeux très fendus, très ouverts et très bleus frappaient tout d'abord. Elle avait le teint clair, mais une vigueur intérieure semblait envoyer à sa surface des flots d'un sang énergique qui se fondait en rose en y arrivant ; des cheveux profondément noirs et complaisamment traités, des lèvres et des dents à rivaliser avec les coraux et les perles des Procuraties. Sa toilette était l'expression du lieu et du pays : un peigne d'argent à éventail, une robe de nankin jaune fortement ménagée dans le haut, donnant passage à quelque fine lingerie et à une poitrine et un cou admirablement unis, une chaîne d'or, des boucles d'oreilles, des bagues, une broche, les couleurs vives, en un mot le clinquant, l'effet métallique et la puissance de la beauté réunis pour constituer une individualité frappante.

Tout en la contemplant, je soutenais une conversation en langue italienne à la grande joie de ma voisine qui, bravant, selon moi, toutes les convenances, arriva promptement à me supplier de la conduire en France.

Ebahi d'une telle confiance et d'une semblable précipitation, je suis, lui dis-je, pour longtemps encore à Venise ; j'aurai le plaisir de revenir souvent boire ici cet excellent café et jouir de votre conversation. — Remettons à plus tard l'examen de votre demande.

— A propos, lui dis-je encore, pourriez-vous m'indiquer l'adresse de la signora Luiggia Sambo, qui....

C'est moi ! signor, moi-même, fit-elle d'un air étonné.

— Quoi ! c'est vous qui écrivîtes...

— Mais oui, dans le jardin Justi. — Vous le voyez, ce n'est pas d'aujourd'hui que je pense à la France.

Ma déception était grande.

— Pourquoi vouloir venir en France?

Elle prit mes mains dans les siennes et me fit tressaillir, car ses yeux immobiles, tout grands ouverts, fixes, semblaient entrer dans les miens.

— La France, prononça-t-elle tout bas, c'est la liberté et Venise l'oppression.

A ce moment une douzaine de soldats autrichiens entrèrent et se placèrent dans la deuxième salle.

Luiggia alla à eux, j'en profitai pour prendre congé. — A rivedere, signor Francese, dit Luiggia en saisissant encore mes mains. Sta sera, prego ! ! !

— Eh bien, oui, signora, à ce soir.

Je m'orientai et courus vers la mer ; je traversai la place Saint-Marc et mis pour la première fois le pied sur la Piazetta qui n'est autre chose que la grande Place qui, se brisant à l'église Saint-Marc, tourne brusquement à droite pour courir comme je le faisais moi-même à la mer, entre le palais des Doges d'un côté, le palais de la Monnaie de l'autre. Au bord de l'eau, les deux colonnes de granit portant l'une le lion-type de saint Marc et l'autre saint Théodore se dressent comme une sorte de demi-arc de triomphe et montrent de loin aux gondoles la place du débarquement.

L'histoire de ces deux colonnes est peu élucidée : elles sont si énormes qu'on prétend que la République dut attendre cinquante ans avant de trouver un entrepreneur assez habile pour les dresser sur leurs futs.

C'est à leurs pieds que, pendant l'époque la plus florissante du commerce vénitien, les jeux les plus effrénés étaient en permanence. Bien des cargaisons qui avaient voyagé saines et sauves avec leurs propriétaires, de Smyrne aux Lagunes, s'engloutissaient au milieu des plaisirs que les nouveaux arrivants trouvaient à leurs premiers pas sur la terre. Le conseil des Dix dut s'émouvoir et malgré l'autorité habituelle de ses ordres, il ne put déloger les joueurs de ce lieu qu'en le choisissant à son tour pour l'exécution des condamnés à mort.

Aujourd'hui, jeu et pendaison ont disparu de leurs bases ; mais à quatre pas, des canons braqués, entourés de soldats autrichiens, sont prêts à remplacer l'un et ne permettent pas davantage de penser à l'autre. Pauvre Venise !

La gondola ! signor, la gondola, me criaient vingt lazzarones que mon arrivée vers le port avait fait lever des escaliers, ou des soubassements sur lesquels ils se reposaient.

J'avisai une bonne figure et lui accordai la préférence.

Il sauta dans sa gondole, me présenta son coude en avant pour appui, m'ouvrit la porte de la cabine et attendit mes ordres.

— Alle ponte di Rialto...

La gondole glissa sur l'onde.

La course en gondole est l'idéal de la locomotion,

mais soyons juste, ce n'est pas par la couleur qu'elle brille.

Elle est toute noire à l'intérieur comme à l'extérieur, sauf l'image de la Madone placée à droite de la porte de la cabine.

Dans le fond, un siège moelleux avec dossier renversé; à droite et à gauche deux sièges plus exigus pour vos compagnons, si vous en avez, et si vous êtes seul pour vos jambes.

A droite et à gauche deux fenêtres qui se ferment avec volets opaques pour incognito absolu : avec persiennes si vous ne désirez qu'un demi-voile, avec glace s'il ne s'agit que de parer à l'air. Des tapis, partout.

Derrière moi, j'aperçus une petite ouverture par laquelle je pouvais passer mes ordres au gondolier. J'en profitai pour ouvrir la conversation; je l'interrogeai sur son nom, sa famille: il se nommait Antonio, sa gondole portait le n° 59 et il avait, disait-il, alla casa la plus belle et la plus chérie des femmes.

— Il me proposa d'enlever la cabine de sa gondole. ce qui s'opère en deux minutes. Il la déposa sur le quai et dès lors complétement placé à découvert, je pus juger les bords du grand canal.

Mes questions ne laissaient pas de trève à Antonio; avec cette douceur et cette patience qui forment le fond des natures vénitiennes il répondait à tout.

En quittant la piazzetta nous avions en face l'île de de St Georges-Majeur avec son clocher rouge et ses dômes cuivrés ; puis tournant à droite nous nous engageâmes dans l'immense canal. A gauche la Dogana Vecchia surmontée d'une immense statue de la Fortune qui sert de girouette, et l'Eglise Sancta Maria delle Salute; à droite le Palais *Corner della ca grande* avec sa façade ionique et dorique. En face le palais *Loredan*.

Puis nous passons sous un pont en fer de récente construction, en face de l'Académie des Beaux-Arts, à laquelle je ferai de fréquentes visites. A partir de ce pont les palais augmentent de nombre et d'élégance.

Le palais Rezzonico, les deux palais Guistiniani, celui des Foscari qui sert aujourd'hui de caserne, le palais Balbi, le palais Daudolo qui fut la demeure du doge de ce nom qui conquit Constantinople; et celui qui appartint au cardinal Bembo, et tant d'autres qui tous étalent tout ce que l'art des XVe et XVIe siècles pouvait produire de plus parfait en style de tout genres, sous l'impulsion de l'amour des arts, des dépenses illimitées et de la liberté des innovations. Enfin nous arrivâmes au pont du Rialto, plus célèbre qu'admirable.

Antonio me proposa de remonter encore le grand canal jusqu'au marché des fruits; très curieux par la physionomie de tous les acheteurs, et aussi par les marchandises dont la plupart m'était inconnue. Nous accostâmes un bateau chargé d'angouries, sorte de melon à peau verte, à chair rouge, spongieuse, à noyaux noirs et je chargeai Antonio de m'en acheter un, puisqu'il m'en vantait tant les douceurs.

Le marchand indiqua son prix. Antonio haussa les épaules et me coupant la parole m'interdit de m'occuper du marché. Il obtint un rabais de 1/2. J'allais payer, Antonio m'arrêta encore: il commençait à me traiter comme son enfant..... Il tira son couteau, coupa le melon, montra au marchand qu'il n'était pas de bonne qualité et en exigea un autre. Examen fait, mon gondolier poussa au large enchanté d'avoir trouvé l'occasion de me donner une première preuve de son dévouement.

Enfin je donnai ordre de me ramener à l'hôtel. Antonio prit les petits canaux intérieurs, très pittoresques, très-amusants avec les Vénitiennes blanches aux fenêtres, les ponts innombrables, les gondoles qui se croisent, et à chaque angle le signal langoureux des gondoliers qui se préviennent.

Je retrouvais à l'hôtel Ludovic écrivant de son côté les grandes choses qu'il avait accomplies dans la journée.

La soirée s'avançant, nous décidâmes de la finir ensemble en parcourant le quartier de la mercerie; mais au milieu des Procuraties Vieilles des sonatori jouaient du Verdi. Nous nous assîmes pour les entendre et notre projet fut abandonné.

XIII

Le lendemain matin, en nous regardant au miroir, nous fûmes stupéfaits de nos figures couvertes de taches rouges fort peu réjouissantes. C'était l'œuvre des moustics. Le ciel était splendidement pur, mais une forte brise agitait les flots lorsque jarrivai au môle, c'est-à-dire à la station des gondoles au bord de la Piazzetta. Le soleil levant était rěfléchi en rayons d'or, d'acier, de cuivre sur les dômes de la Dogana Vecchia, de St-Georges Majeuret de Santa Maria del Salute. Au loin les voiles bombées des barques de pêcheurs et du cabotage, la fumée des bateaux à vapeur, plus près les gondoles noires filant comme des flèches. De la Piazzetta,en effet, on aperçoit non seulement les canaux, mais la lagune, c'est-à-dire la mer parsemée de nombreuses îles qui jusqu'à une distance de quatre à cinq lieues s'élèvent au-dessus des eaux.

J'appelai Antonio, numéro 59. Il accourut le bonnet à la main; je m'appuyai sur son bras : la gondole était découverte.

Au Lido, lui dis-je, et nous partimes. Les vagues étaient fortes, j'étais vigoureusement bercé. Antonio m'annonça qu'il me ferait toucher vers un clocher dont nous apercevions le sommet tout proche de l'établissement des bains.

— Un bain, lui dis-je! Vous n'y pensez pas: l'eau est glacée! Et pour juger moi-même je plongeai ma main dans la crète d'une vague.

— Signor, vous prendrez un bain, Antonio vous le dit, et l'eau sera chaude.

Nous gagnions le large. Le Lido s'élevait et Venise fuyant semblait plongée dans les flots azurés. Quelle était belle cette reine de l'Adriatique avec ses minarets, ses maisons vivement coloriées, ses monuments qui tous semblaient lever leurs aiguilles, leurs statues, leurs dômes pour sourire à la mer et s'offrir aux caresses de la brise. Il faut avoir vu!

Le Lido est loin: il nous fallut presque une heure pour arriver au port. Je descendis sur la rive peuplée de quelques maisons, d'une douzaine de marchands d'huitres, de figues et de raisins. Je demandai la route des bains à un pêcheur qui me suppliait d'avaler ses coquillages tout ouverts et tout prêts; sur ma promesse de l'en débarrasser au retour, il me montra un joli chemin qui s'engageait dans l'intérieur des terres.

— Diretto, signor!

En dix minutes j'eus franchi la largeur de la terre et me trouvai en face de l'Adriatique vraie, non de la lagune. Quelques nageurs s'ébattaient dans les vagues. Je demandai un cabinet, un costume et sautai à mon tour dans les flots. Antonio avait dit vrai: l'eau était délicieuse; la température qui m'avait effrayé en gondole est celle des eaux de la lagune où les torrents des Alpes apportent leur continuel refroidissement.

Je suis chaque jour retourné prendre un bain sur cette plage sabloneuse et tiède. C'était trois heures bien

employées, presque de repos, puisqu'assis au fond de ma gondole je n'avais en allant et en revenant qu'à laisser reposer mes membres fatigués, pendant que les yeux occupés par les mouvements de la mer, les lumières qui inondaient les îles et la ville, je prêtais l'oreille aux récits d'Antonio.

Ce brave homme, je le crois, passait son temps à chercher quelles preuves d'attachement il pourrait me donner. Un jour, c'était un angourie qu'il sortait de sa caisse d'arrière lorsque nous revenions du bain, et dont, en équilibre sur sa proue étroite, secoué comme elle sans s'en apercevoir, il m'offrait la plus belle tranche.

Signor, voulez-vous fumer des cigares étrangers.

— Non, cher Antonio, je ne fume que la cigarette.

Le lendemain — Signor, voici du tabac de Constantinople — et toujours une attention nouvelle !!

Un soir que fatigué de marcher, j'étais allé me remettre dans sa gondole avec toute liberté de direction, il me conduisit dans un dédale de petits canaux : les lampes des Madones brillaient à chaque carrefour, le silence était absolu. Antonio avait voulu recouvrir la gondole. J'étais seul plongé dans les méditations que l'isolement et l'obscurité engendrent.

Il ouvrit notre guichet de communication.

— Signor, voulez-vous que je chante. Et il entonna cette chanson vénitienne :

Liseta varda come la luna
Argento piove sulla laguna
Non ghe una nuvola xe quieto il mar
Andemo in gondola a respirar

—

La bavescha che va supiando
El to bel viso de quando in quando
E i biondi bucoli vora basar
Andemo in gondola a respirar !

—

Vedendo limpide brillar le stele
Che dei to ocioni xe manco bele
D'amor in gringola me sento andar
Andemo in gondola a respirar!

—

La podaremo soli saletti
Parlarse, o cara, dei nostri afeti,
Là godaremo fra cielo e mar
Andemo in gondola a respirar?

C'est ce soir que poussant à l'extrême la complaisance, Antonio se permit de m'offrir de me présenter à une belle dame Italienne dont le mari, disait-il, était proscrit. Le signor Francese sera bien accueilli : il est Français.

Malgré sa logique plus serrée que sa morale, Antonio cette fois fut rappelé aux convenances et se le tint pour bien dit.

Mais le temps fuyait et mes projets de visiter en détail les monuments de Venise restaient dans les limbes ; je profitai d'une lueur d'énergie pour me diriger résolument vers St-Marc.

J'ai vu déjà beaucoup d'admirables monuments religieux : aucun ne m'avait encore arrêté devant sa façade deux jours pleins. C'est qu'aucun ne lui est comparable.

St-Marc est sur la place comme la muraille la plus ornée d'un salon : celle où le maître aurait attaché ses peintures, ses panoplies, ses antiquités.

Pendant des siècles, les Vénitiens en voyage ne songeaient qu'à embellir l'église de la République, et sa façade se prêtait merveilleusement aux additions de toute nature que cet engouement faisait affluer. Entre chaque porte les innombrables colonnes de couleur, de chapiteaux, de diamètre tous différents. sont des emprunts que la piété orgueilleuse des matelots enlevèrent des temples grecs de l'Archipel. Dans les interstices des voussures, ces bas-reliefs qui représentent Hercule au berceau, un satyre aviné, une course, proviennent de la même origine. En tournant à droite vers le palais ducal, un groupe de quatre personnages de porphyre sombre reste inexpliqué, si l'on n'y voit la représentation de quatre empereurs du Bas-Empire rapportés de Constantinople ou un épisode de la conjuration d'Armodius et d'Aristogiton trouvé entre Spartes et Athènes. J'ai déjà parlé du quadrige qui plane sur la porte centrale et cependant ces curiosités ne sont que les cadres ou les ornementations des magnificences créées sur place, telles que les fresques de cristaux qui donnent neuf tableaux éclatants de coloris et jettent sur les vieux marbres la fraîcheur et l'effet du plus grandiose caprice des arts. La balustrade qui sépare les deux étages comme une dentelle, les clochetons des combles, les statues qui simulent une procession de saints sous les baldaquins gothiques, et derrière, les grands dômes avec leurs sphères aux reflets d'acier et leurs pointes ouvragées, projettent vers le ciel, non la plus énorme, mais assurément la plus ravissante et la plus enthousiaste manifestation de la pensée humaine Je pourrais dire aussi une des plus complètes ; car, lorsqu'on a cru avoir tout vu, tout examiné, si le lendemain on revient (et toujours l'on revient) de nouveaux détails inaperçus ou plus saillants pour l'œil exercé prouvent que le plus long séjour à Venise ne suffirait pas pour la connaissance absolue de cette façade, qui seule au monde satisfait toutes les aspirations de curiosité, produit l'oubli du monument qu'elle couvre et arrête invinciblement le touriste qui s'apprête à la franchir.

L'intérieur est précédé d'un vestibule où l'on ne voit sur toutes les voûtes, toutes les parois et sur le pavé que mosaïques représentant des sujets de l'écriture sainte avec des inscriptions bizarres de style et de caractère, comme il convient à des œuvres des XIe et XIIe siècles. Ce porche communique à l'église par trois rampes d'escaliers de marbre rouge.

Il faudrait toute une saison pour noter les ciselures des portes et les sujets des fresques qui inondent les regards : l'une de ces portes a été, dit-on, rapportée de Sainte-Sophie de Constantinople. Et cependant les magnificences du dehors me semblèrent écraser celles de l'intérieur. Arceaux mal reliés entr'eux par des galeries courant des uns aux autres, affaiblissement des tons, des mosaïques, des voûtes, soit par le temps soit par l'obscurité. J'avais bien pour dallage des dessins de marqueterie, sur ma tête des peintures dorées, autour de moi des pilliers carrés, des chapelles, des murailles toutes recouvertes de marbre, mais nulle part la pureté de ligne ni la fraîcheur. En revanche les futs de colonnes ayant une origine historique ou légendaire, les souvenirs des doges ou des familles patriciennes, la signature des grands artistes fourmillent dans chaque point que je regardai en détail, et surtout dans le baptistaire et la sacristie. Je revois encore cette croix grecque dont le dessin forme le plan de St-Marc, les merveilles d'art et de patience combinées qui en meublent chaque coin, et les catacombes où l'on montre les reliques du saint Patron enlevées en plein Caire, à la vigilance des Musulmans, par les matelots vénitiens. Je revois tout cela grâce aux promenades de chaque matin, de chaque soir que l'attrait irrésistible de tant de merveilles m'y faisait renouveler, mais je le revois comme dans un rêve que l'esprit ne sait raconter en détail.

Le jour baissait : ma visite n'avait plus pour auxiliaire le plus indispensable des compagnons, le soleil !

J'entrai dans quelques magasins des Procuraties Vieilles.

Les bijoux qui s'étalaient avec tant de grâces aux vitrines n'étaient pas à donner : il signor Reis m'honora fort en me proposant un collier et une broche de corail pour la bagatelle de deux cents napoléone d'oro, comme il disait d'un ton affable. Le bijoutier Christophe ne fut pas moins aimable. Je me bornai à acheter aux petits colporteurs qui me suivaient des ouvrages de nacre, des résilles de coquillages, des bracelets de verroterie, des gondoles en fer blanc, les achats du touriste en un mot qui sacrifie dans la limite de ses ressources à la passion de la dépense.

Chargé de cette pacotille, je m'assis devant un splendide café portant pour nom *Europa*, sous les Procuraties Nouvelles. Je n'y pris pas racine. C'est l'estaminet des Grecs ; entouré de bonnets rouges, de grosses moustaches, de nez caractéristiques, je me trouvai bien vite parfaitement mal à l'aise. Pour me récréer le garçon m'apporta le *Moniteur* d'Athènes. Je levai le siége et me souvenant d'une récente école au café Quadri, au milieu des officiers autrichiens, je jurai d'adopter exclusivement désormais le café Florians où tout au moins j'avais la chance de lire le *Journal des Débats* une fois tous les trois jours environ, quand il n'était pas arrêté par la police.

C'est ce jour que poussé par l'esprit aventureux qui est le bon génie du voyageur, je découvris le restaurant qui obtint mon approbation sans réserve. Je le signale aux amateurs de couleur et de cuisine locales. Son nom est : Birerra sans gallo. Une soupe au safran, des champignons froids sautés au vinaigre, des huitres, des risoto aux moules, et surtout une excellente bière de Gratz, tel est en général le menu du jour. Cet établissement se trouve derrière les Procuraties Vieilles.

Enfin j'entrai chez Luiggia, au moment ou le bec de gaz unique s'allumait.

— La bonna sera, signor francese, me dit-elle, avec cette grâce ineffable qui parfumait chacun de ses mots. Asseyez-vous, je vous sers.

Elle arriva avec mon café :

— Vous passerez une charmante soirée ici, me dit-elle : j'ai retenu un joueur de violon excellent et le signor qui est en face de vous parle français. Adressez-lui la parole ?

— Moi j'ai l'avenir pour parler français, je n'y tiens nullement : parlons italien et seul à seul Luiggia ; vous avez à me faire des confidences, m'avez-vous dit, allons, commencez ?

Etait-ce calcul, caprice, parti pris, mon interlocucutrice ajourna ; j'insistai : elle me répondit le mot le plus familier dans le vocabulaire des femmes : attendez. Nous causions encore lorsque le sonatore anoncé entra. C'etait un garçon de vingt ans, accompagné d'une femme surannée, qui jouait de la guitare. Quant à lui, c'était un artiste.

Son coup d'archet était excellent, son organisation musicale supérieure. Il se passionnait, on voyait la pâleur courir sur son visage, ses yeux s'enflammer à certains passages de Verdi. Je ne désespère pas de le montrer à mes amis, car je lui ai donné mon nom et mon adresse et il m'a promis de venir en France si la triple conscription ne le prend pas pour l'armée autrichienne.

Onze heures du soir sonnèrent à Sainte-Marie-Formosa, il était temps de mettre Luiggia en demeure de s'expliquer et de savoir si sa prétendue confidence n'était qu'une mystification.

Je n'entends pas qu'on se moque de moi, Luiggia, lui dis-je en la prenant à part : je ne suis ni d'humeur ni d'âge à souffrir la duperie d'une coquette.

— Mais, signor....

— Vous allez donc me dire si vos explications sont pour ce soir et à quelle heure ; si non, adieu et pour toujours.

— Ah ! que vous êtes violent, signor Francese; eh ! bien, ce soir à minuit je serai vers le pont de la Place Saint-Paul et Saint-Jean : allez m'y attendre.

— Vous le jurez.

— Oui.

Je courus sur la Piazzetta. Antonio dormait : je fis couvrir la gondole.

Alla piazza de santi Giovanni e Paolo.

— A cette heure et si loin, murmura Antonio encore endormi, il y aura une bonne main, bien sûr.

Puis réfléchissant que je m'embarquais pour une aventure véritable, je lui donnai ordre de toucher d'abord alla Calle delle Ascension : je pris à l'hôtel un poignard ciselé dont la présence rassurante doublait le côté dramatique de mon voyage.

Où était la place en question ? Je l'ignorais ; la gondole vira de bord, gagna le large puis tourna à gauche, puis encore et après un dédale de zig-zags, s'arrêta sous un pont petit mais coquettement élancé. A ma droite une place précédait une magnifique silhouette d'église que plus tard je revis en détail et reconnus être une des plus riches de Venise. Pas une âme sur la place, silence absolu s'étendant du miroitement blafard du canal au ciel coupé par les arches du pont et des monuments immobiles. Je sortis de la gondole et me postai sur le sommet du pont, le visage incliné sur le canal.

Quand minuit sonna, Luiggia était devant moi, enveloppée d'une large capeline qui couvrait sa tête.

Nous entrâmes dans la gondole.

Antonio démarra sans nous demander où il fallait aller.

Luiggia tremblait d'une agitation nerveuse.

— Signor, commença-t elle avec vivacité, je vous ai supplié de me conduire en France. Ce n'est ni coquetterie, ni duperie, ce n'est aucun de ces mots que les hommes de tous les pays, même de France, à ce qu'il paraît, se plaisent à jeter dès la première impatience à la tête d'une femme. C'est l'horreur de la plus odieuse situation qui hier dictait ma prière et aujourd'hui c'est, en outre, la nécessité de sauver ma vie, oui, ma vie, dit-elle, que je joue pour vous en ce moment ! Veuillez m'entendre, et vous jugerez, mais avant jurez-moi le secret.

— N'y voyant pas d'obstacles, j'allais le jurer ; mais Luiggia ouvrant la porte de notre cabine prit ma main, la posa sur l'image de la madone clouée au dehors et me dit :

— Maintenant, jurez.

Mon serment prêté, elle referma notre case et se jeta à genoux devant moi en pleurant.

A ce moment, Antonio qui s'ennuyait sans doute se prit à chanter :

Lizetta varda come la luna
Argento piove sulla laguna etc...

Mais pour l'intelligence de ce qui va suivre, il est nécessaire de reprendre de plus haut quelques détails omis.

La nature humaine a été créée à un type tellement élevé que quel que soit le degré de dégradation auquel soit descendu un de ses individus, il conserve toujours un rayon de noblesse et d'honnêteté.

Luiggia était à la solde de la police autrichienne : on ne peut guère être plus déchu. Elle allait cependant me montrer une résurrection de conscience, un mouvement spontané de dévouement et de courage, en un mot, la beauté inaltérable de l'âme !

A l'hôtel de la Pension Suisse, à Milan, j'avais imprudemment accepté d'un de nos voisins de table une lettre que je m'étais chargé de remettre, lors de mon arrivée à Venise, à celui qui viendrait me la réclamer et se ferait reconnaître.

Celui qui me la remettait était un proscrit qui s'occupait, selon l'usage des proscrits, de conspirations, et avait ses motifs pour ne pas confier sa correspondance à la poste.

Mais le gouvernement autrichien qui a les siens pour tout épier même jusqu'à Milan, avait su presqu'aussitôt que moi la mission qui m'était confiée.

La faire échouer au début eût été facile. Mais se servir de la circonstance pour connaître celui auquel elle était destinée, avoir la main sur un nouveau fil des trames qui l'assiégent sans cesse, me surveiller moi-même pour savoir par mes démarches, ma conversation, si j'étais moi aussi un conspirateur, était plus productif.

En conséquence, la police autrichienne faisait écrire sur le registre des jardins Justi à Vérone cette phrase tentatrice qui devait me déterminer à chercher à Venise sa prétendue signataire la signora Luiggia. Elle prévenait celle-ci d'avoir à me sonder et à m'étudier tant sur la fameuse lettre que sur mes opinions.

Quand j'étais dans la gondole, depuis trois jours Luiggia exécutait sous ses cajoleries adorables ce rôle d'espion qui lui avait été donné tout tracé.

En entendant ces aveux, je ne pus réprimer un sentiment de dédain.

— Signor, reprit-elle, en vous parlant ainsi j'éprouve une joie profonde : assez d'humiliation et de bassesse ont passé sur ma tête, assez de funestes renseignements ont été recueillis par moi, aujourd'hui je commence l'œuvre de réparation. Si vous remettez la lettre dont vous êtes porteur à celui qui la réclamera, soyez-en sûr, lui et vous serez arrêtés. Qu'arrivera-t-il ensuite? On sait comment on entre dans les prisons de Venise; mais quand et comment en sort-on?

Anéantissez la lettre, niez l'avoir jamais reçue, signior, je vous en supplie! Donnez-moi la satisfaction d'avoir fait enfin une action loyale et utile! Et ne séjournez pas longtemps à Venise.

Quant à moi, qui n'ai pu vous dire cela qu'en gondole, qui, je le pressens, vais être soupçonnée de vous avoir averti dans cette promenade nocturne, j'entrevois des événements terribles. Que Dieu me protège! Et c'est pour cela que je vous supplie!

— J'étais atterré de ces révélations. Je balbutiai à Luiggia quelques phrases évasives qui la remerciaient tout à la fois de l'intérêt qu'elle me témoignait et tout en la rassurant sur le profit qu'au besoin je saurais tirer de ses avertissements ne constituaient pas une réciprocité d'aveux.

Elle comprit sans doute et me laissa couper court à la conversation.

Chère Luiggia, dis-je, voici assez de paroles sérieuses. Il est deux heures du matin, où comptez-vous aller maintenant.

— Dites au gondolier de me reconduire dans mon appartement.

J'ouvris la communication avec Antonio :

— Castello d'Adriolatana, sotto portico di Santi, 21, lui murmura Luiggia.

La gondole doubla d'allures.

Dans le trajet, mon espion féminime fut charmante ! J'ai abusé de votre bienveillance, signor, mais vous serez assez bon pour pardonner aux sentiments qui me guidaient. Demain, si vous agissez avec prudence vis-à-vis de la police autrichienne, et que vous ne soyez pas expulsé de Venise, revenez me voir, nous ferons encore quelques promenades en gondole ; je vous promets d'être aussi gaie, aussi enfant, aussi vénitienne, comme vous dites, que j'aie été morose ce soir.

La gondole s'arrêtait : Luiggia s'appuya sur ma main pour monter les deux degrés que l'eau affleurait ; elle voulut la porter à ses lèvres, ce fut le contraire qui arriva.

Antonio prit plus d'une heure pour me ramener à l'hôtel de la Lune. J'entendis sonner cent beffrois nocturnes ; j'aperçus mille madones annoncées par la veilleuse sacramentelle ; en passant à la hauteur de la Piazetta, le marteau de l'horloge sembla m'envoyer distinctement ces mots gravés autour de son cadran : *Pax tibi, Marce, evangeliste meus*. La Paix, disais-je, et où donc ? Chez Luiggia déshonorée par la délation ? Chez le peuple qui voit des canons braqués sur lui ? Chez les morts dont le repos est troublé par les sabres autrichiens qui traînent sur les sépulcres ?

Je réveillai Ludovic et lui racontai tout ce que Luiggia m'avait appris. Sans hésitation nous résolûmes de briser le cachet de la lettre et de l'apprendre au besoin par cœur. Nous l'ouvrîmes donc. C'était bien un élément de complot : on y parlait d'une insurrection prochaîne dans le Tyrol. Nous la brûlâmes.

Puis Ludovic reprit son somme et moi j'essayai d'en faire autant. Mais ce fut en vain, et la nuit s'acheva entre les agitations des moustics, les souvenirs de ma promenade et cet air qui se chantait tout seul dans mon cerveau endolori :

Lizetto varda come la luna,
Argento piove sulla laguna.

Je le chantais encore le matin en baryton, lorsqu'une idée me traversa la tête : je pris du papier, de l'encre, une plume et j'écrivis une lettre banale ; je l'enveloppai avec la suscription de celle que nous avions brûlée pendant la nuit et la serrai avec un sourire de fine satisfaction dans mon portefeuille.

— Maintenant, dis-je à Ludovic : je vais visiter quelques monuments et quant au reste, nous verrons quel sera le plus habile de la police autrichienne ou d'un avocat Français.

XIV

Pour ne pas, comme d'habitude, m'arrêter avant le but, j'allai droit au Palais des Doges ; mais avant d'y entrer je fus retenu par deux événements : le premier fut la magnificence de la façade et la surcharge artistique des enjolivures de détail.

Le retour de l'église St-Marc qui forme une des parois de l'avenue et qu'on appelle la façade du Trésor offre l'aspect d'un pêle-mêle de bas-reliefs, de merveilles de l'art gothique, romain, bysantin, mauresque, de statues, de plaques de marbre qui étourdit et confond. C'est à son premier étage qu'on aperçoit les deux célèbres veilleuses qui nuit et jour brûlent devant un petit oratoire en commémoraison d'une erreur judiciaire commise depuis plusieurs siècles et qui eut pour sinistre résultat la condamnation à mort d'un boulanger innocent.

J'admirais la porta della Carta décorée de statues, de sculptures et arceaux gothiques qui composent les deux premiers étages du Palais et lui donnent un cachet de légèreté idéale; les parois du haut revêtues de carreaux obliques de marbre blanc et rouge, les aiguilles qui courent le long de leurs arètes horizontales, le balcon gigantesque qui centralise l'effet de l'ensemble, lorsque, comme deuxième entrave, Antonio qui depuis le port m'avait aperçu, se plaça devant moi le bonnet de laine rouge à la main, et me rappela que c'était l'heure du bain au Lido.

Je me laissai entraîner et du lointain que nous gagnâmes bien vite, je résumai, en continuant à regarder, les effets qui venaient de me frapper de près.

En revenant à la Piazzetta, je me précipitai dans l'intérieur du Palais des Doges, bien décidé à suivre une fois un plan sérieux.

La cour est carrée et ses quatre côtés d'architecture différente quadruplent sinon la beauté du moins le plaisir et la longueur de l'examen. Des statues, des guipures de marbre, des portiques, des balcons originaux et dans lesquels on sent que les artistes ont placé tout leur amour, entourèrent ma faible individualité. Un grand escalier dit des Géants et qui est trop raide parce qu'il a dû être construit sur un espace peu ménagé par toutes les conceptions diverses qui se sont croisées sur cette cour, me fit monter dans les galeries ouvertes du premier étage. La marche la plus haute est celle où l'on couronnait les Doges ; la première que j'avais foulée est celle où, dit-on, fut décapité Marino Faliero, ce noble vieillard qui conspira sous les deux plus ardents mobiles qui agitent l'humanité: selon Byron, par jalousie; selon d'autres par patriotisme.

Enivrante Venise, on ne peut frapper une de tes dalles, toucher une de tes colonnes sans que les souvenirs poétiques ou terribles n'ébranlent l'âme !

A partir de ce moment, je passai de cicérones en cicérones, l'un pour les appartements intimes, l'autre pour les salles des anciennes assemblées de la République, celui-là pour me montrer l'organisation du Conseil des Dix, un nom qui donne le frisson, la salle du Grand Conseil où se réunissaient tous les nobles inscrits sur le livre d'or, et dont les parois et le plafond sont couverts de gigantesques tableaux représentant les plus belles pages de l'histoire de la République.

Paul Véronèze, le Tintoret, Vécellio sont les principaux maîtres dont les chefs-d'œuvre soutenaient le patriotisme en rappelant les grandes choses accomplies. La frise qui fait le tour de la salle, au-dessus du plafond est ornée d'une série de portraits de doges qui commencent à l'an 804. C'est dans cette salle qu'on voit un cadre vide portant sur un fond noir : hic est locus Marini Falieri décapitati pro crimine: C'est là la place où aurait dû se trouver le portrait de l'infortuné Doge.

C'est au même étage que sont attachés les deux gigantesques balcons qui dominent de leurs balustrades sveltes, de leurs pourtours chargés de décors harmonieux, d'un côté la Piazzetta, de l'autre le quai des Schiavones, la mer, les Iles et tout le mouvement maritime de la ville.

Que l'on comprend bien delà, l'histoire de Venise, la grandeur de ses patriciens, l'inspiration opulente de ces chefs-d'œuvre!

Mais que l'on comprend vite aussi la tyrannie qui régnait sourdement sous cet Etat qui arborait extérieurement des sculptures gracieuses ou des banderolles flottantes! A quatre pas de ce que j'admirais, je traversai les salles du Conseil des Dix, puis par une porte massive je pénétrai dans le Pont des soupirs, trait d'union entre le palais et la prison: la joie et la douleur; puis dans l'épaisseur même des murs, d'affreux cachots sans lumière, presque sans air, nous montrèrent à la lueur d'une lanterne le lieu où des hommes avaient vécu proche des juges et des bourreaux. Dans le noir corridor, je heurtai un pilier de bois haut de quelques centimètres: c'était le billot qui servait aux exécutions secrètes ! A quatre pas plus loin, le corridor se termine à une porte pleine qui peut s'ouvrir sur le canal de la Paille. Le supplicié avait donc à son côté le soleil, l'air embaumé de la mer, et il mourait seul, dans la nuit, en face de quatre murailles noires, ne pouvant entendre que le clapotement insensible de l'eau et sans qu'un rayon de lumière lui soit au moins accordé pour lui signaler le ciel !

Je sortis avec les sensations confuses et tristes ; la beauté de la cour que je jugeai mieux en redescendant me ranima l'esprit. C'est le propre des arts de donner un langage aux choses inanimées. Et, du reste, la cour n'était pas sans mouvement. Des porteuses d'eau avec leurs deux seaux sur l'épaule, le chapeau d'homme sur la tête, les pieds nus, puisaient à deux inimitables puits. Chaque architecte de Venise a fait son puits : c'était entr'eux comme un tournoi permanent. Partout on en trouve à Venise de délicieux : ceux du palais des Doges, par droit de naissance et de situation, sont les plus estimés.

Comme d'habitude, j'avais depuis longtemps passé l'heure normale du déjeuner. Je n'en courus que plus vite à la birrera San Gallo, et de là chez Luiggia pour voir au grand jour cette tête qui la veille avait l'obscurité comme auxiliaire.

Je la trouvai en fraiche toilette, et souriant comme la veille.

Son accueil fut comme si je n'eusse reçu d'elle aucune confidence. Le café, le vin de chypre arrivèrent sans commandement se placer sur ma table.

Je voulus glisser une allusion à ses avis : elle

fronça le sourcil et sans dire un mot m'imposa silence.

J'allais me remettre en excursion lorsqu'un solide gaillard, à moustache de crin, le vêtement boutonné jusqu'à la cravatte entra et s'assit vers moi.

— Je vous cherchais, monsieur, me dit-il en bon français.

— Je saluai.

— Vous avez reçu à Milan une lettre que vous devez remettre à quelqu'un ici. Le gouvernement de S. M. I. a tout lieu de croire qu'elle contient des documents importants au sujet d'une conspiration qui se trame; je ne suis pas le destinataire : je suis un agent du gouvernement commis pour obtenir de vous la remise de cette pièce.

Diable, pensai-je, voilà le terrain qui se gâte. Des soldats autrichiens buvaient dans la salle voisine. Il me semblait les entendre se lever pour prêter main forte à mon voisin.

— Monsieur, lui dis-je, vous parlez avec une rare correction la langue française : permettez-moi de m'estimer heureux de rencontrer enfin une figure avec laquelle je puisse parler de toutes les merveilles....

— Permettez, monsieur, il ne s'agit pas de merveilles, interrompit l'homme à moustaches : veuillez me remettre immédiatement la lettre que je vous réclame ou me suivre à l'Officio centrale.

— Si vous parlez sérieusement, lui répondis-je, je vous dirai que je ne sais ce dont vous me parlez et que si un Français a reçu la commission dont vous m'entretenez, ce Français n'est pas moi.

Sans me répondre, mon interlocuteur prononça quelques paroles allemandes : les soldats quittèrent leur tapis et m'entourèrent.

— Votre lettre, monsieur, dit l'homme aux moustaches.

— Monsieur, lui répondis-je avec dignité, j'ai effectivement une lettre à remettre à Venise, vous me contraignez à vous l'avouer; comme Français je proteste et j'adresserai ma plainte à qui de droit.

Et prenant avec colère mon portefeuille, je le jetai à ses pieds. Il le ramassa paisiblement, l'ouvrit, prit la lettre que j'y avais substituée heureusement la veille, en suite des avis de Luiggia, le referma discrètement et me saluant le chapeau à la main :

— Du moins, monsieur, me dit-il, vous rendrez justice à la politesse dont j'ai essayé d'entourer ma mission.

Il sortit. Luiggia qui était restée spectatrice silencieuse de toute cette scène, leva les yeux au ciel en ayant l'air de me dire : vous n'avez pas suivi mes conseils et vous êtes perdu.

— Je lui répondis par un haussement d'épaules qui signifiait : soyez sans inquiétude.

Et je sortis d'un air alerte, bien convaincu que tous mes pas allaient être suivis, et bien décidé à ne pas ménager les courses du mortel destiné à m'accompagner.

— Ma foi, pensai-je, il pourrait bien arriver que la police autrichienne n'accepte pas la mystification que je viens de lui servir et qu'elle me rende en échange un ordre de partir subitement.

— Antonio, dis-je en arriuant vers mon fidèle gondolier, il est trois heures ; jusqu'à la nuit je te prends à mon service : conduis-moi aux curiosités.

En quittant le quai, Antonio gouverna sur le grand canal. Il me descendit devant l'Académie des Beaux-Arts.

Comme emplacement, l'Europe n'a rien de comparables aux galeries parisiennes du Louvre et du Luxembourg ; mais l'Académie des Beaux-Arts de Venise renferme des trésors dont tous les musées peuvent être jaloux. On dit que Napoléon le créa en empruntant sans scrupule aux cent églises de Venise.

Les Paul Véronèze y dominent, et la Cène chez Lévy ferait découvrir tous les fronts si déjà ils ne l'étaient. L'Assomption du Titien est, dit-on, le tableau capital de ces galeries ; mais je préfère les madones de Bellini, son maître, adorables de naïveté et de fraîcheur et qui sourient en envoyant des pensées pures. Ces trois peintres peuvent à eux seuls résumer l'histoire de l'école vénitienne. Bellini, net, frais, ingénu, ouvre la carrière par des chefs-d'œuvre qui ont le rare mérite de posséder le même éclat qu'au premier jour. Son élève, Titien le dépasse dans la science des perspectives et du coloris. Paul Véronèze vient après eux ; il possède ces maîtres et les traduit. Mais c'est l'époque de la dissolution des mœurs : dans les fêtes de nuit où il était entouré de femmes voluptueuses, de jeunes patriciens, où les coupes ciselés se choquaient, où les dentelles jouaient avec la soie et le velours, les perles avec les torsades d'or, le satin avec les tapis moelleux, Véronèze est devenu lascif, fastueux, matériel, et du ciel que montraient ses prédécesseurs son âme est descendue à terre.

C'est à l'Académie que je remarquai, dans une galerie particulière, un tableau moderne qu'un artiste de mérite, nommé Casa, avait obtenu la permission d'exposer. C'était le portrait d'un page en justaucorps de velours cramoisi avec des crevés blancs : figure rose de quinze ans, cheveux blonds, collerette de dentelle ! Certes, l'œuvre n'était pas digne d'être sous le même toit que les tableaux que je venais d'admirer ; mais mon amour de peinture était déchaîné, et le désir violent consent souvent à des substitutions quand la réalité est inabordable. Le peintre Casa en profita; d'abord effrayé des douze napoléons d'or auquels était cotée son œuvre, je revins en sortant du Palais Cavalli que son propriétaire actuel, le duc de Chambord, rend particulièrement intéressant, et le payai bravement.

Le soleil commençait à décliner au couchant : Antonio me poussa à profiter de l'heure pour faire l'ascension du Campanile et c'est encore un de mes sujets de reconnaissance pour ce brave gondolier.

Le Campanile est peut-être le monument le plus populaire de Venise C'est un immense clocher carré bâti en pleine place Saint-Marc, sans communication avec aucun autre bâtiment; sa hauteur prodigieuse gagne encore d'effet par cet isolement et quand on pense que le sol qui supporte un tel poids est un atterrissement de sable, on reste confondu devant tant de hardiesse.

On le dit bâti depuis l'an 940!!! Et son style sans pareil ne proteste pas contre cette tradition. Son ascension amène sur une plate-forme où, côte à côte avec cinq cloches formidables, on jouit d'un coup d'œil féerique en promenant ses regards sur l'immense ville qui paraît flotter.

Un petit escalier en fer mène plus haut encore, dans une galerie circulaire, très-étroite et dont la balustrade heureusement est assez élevée pour combattre le vertige. En en faisant le tour, j'aperçus toutes les lagunes se dérouler autour de Venise. Au Sud-Est, je reconnus les digues de mon bien aimé Lido. A l'Ouest le bras de mer de la Giudecca, les îlots fortifiés, les barques innombrables; à mes pieds Venise elle-même avec ses myriades de clochers, Saint-Marc et ses cinq grands dômes, le palais des Doges avec ses plombs, la Piazetta sillonnée de passagers avec ses gondoles qui attendent, comme des cygnes noirs attachés à la rive, la Piazza avec ses dalles brunes incrustées de larges bandes de marbre blanc qui en font une immense mosaïque.

Les cloches se mirent en branle: était-ce un décès? Était-ce un baptême? De leurs accompagnements majestueux elles semblaient saluer le quai des Schiavones, le jardin public dont la verdure semblait le bouquet que la belle Venise venait d'attacher à sa ceinture; saint Georges Majeur, la Fortune sur la boule d'or de la Dogana Vecchia; puis dans l'horizon, les Alpes, le Tyrol! Sur cette immense découverte, des anges, des statues, des saints, des académies posés sur tous les faîtes tendaient au ciel leurs ailes, leurs bras, leurs gestes d'or ou de marbre.

L'eau partout autour, excepté le pont du chemin de fer qui, large comme un cordon, faisait ressembler Venise à un médaillon que le continent tiendrait suspendu sur la mer.

Le soleil voilé par un nuage dispersait en-dessous des rayons lamellés qui rougissaient l'horizon: le voilà qui descend vers les eaux et qui sort du nuage. Il incendie le ciel et se prolonge en une longue trame de vermeil sur la mer immobile. Ce n'est plus un soleil, ce sont deux soleils qui tous deux dans l'atmosphère tiennent suspendue la bande violacée d'amethyste qui sépare leur rencontre.

Et je descendis à la nuit close.

Le lendemain, dès le matin, je continuai mes courses par l'église di Santi Giovanni e Paolo: c'est un véritable bijou. Les tombeaux des doges Lauredano et Vendramedano des XIV et XVe siècles, de Michel Moroseni et de Mario Cornero, donnèrent à notre cicérone l'occasion de raconter les hauts exploits de ces chefs de la

République et à moi d'admirer des chefs-d'œuvre de tous genres. C'est là qu'il faut aller chercher les plus beaux tableaux religieux de l'école vénitienne : le martyre de saint Pierre-le-Dominicain du Titien, diverses vierges de Bellini, qui circulent en gravures et en photographies dans le monde entier, et notamment dans la chapelle dédiée à Notre-Dame du Rosaire, en mémoire de la victoire de Lépante, les médaillons et les décors splendides dus aux pinceaux du Tintoret, de Paul Véronèze, de Bassano, etc... (1)

Je continuai, malgré la distance (mais y a-t-il des distances quand on voyage en gondole? par l'église Santa Maria delle Salute, située à l'entrée du grand canal. Elle est bâtie sur un plan tout spécial : c'est une espèce de circonférence entourée de chapelles. Quelques tableaux du Titien, une Noce de Cana du Tintoret, (sa meilleure œuvre), quatre colonnes de marbre blanc de Paros qui ont été rapportées d'un amphithéâtre de l'Archipel, forment ses principaux ornements. A l'extérieur, des statues négligées sacrifient tristement au besoin d'une ornementation de mauvais goût. C'est dans cette visite que mon attention fut éveillée sur un détail qui intéresse toutes les constructions de Venise, c'est-à-dire le nombre des pilotis que le terrain mouvant des lagunes nécessite pour asseoir les fondations. L'église Santa Maria delle Salute ne remonte qu'à l'année 1630, en suite d'un vœu du Sénat, alors que la peste ravageait la ville. Cette date récente a permis de conserver le souvenir exact du nombre des pilotis coupés dans les forêts des Alpes, charriés sur place, appointés et enfoncés. Savez-vous leur nombre? Douze cent mille!!! Avec ce chiffre on ose à peine calculer ce que le sous-

(1) Un incendie a détruit depuis la meilleure part de ces chefs-d'œuvre.

sol de Venise renferme de sapins et l'on comprend les exubérances de luxe supérieur, quand on compare leurs dépenses à celles des simples fondations.

Le temps s'écoulait avec rapidité au milieu de ces admirations perpétuelles et des doux recueillements dont je les distançais. Antonio me dit un matin qu'il était indispensable de visiter quelques-unes des îles et notamment celle de Murano. Ludovic fut de la partie et nous passâmes ensemble la journée en gondole.

En partant de la piazzetta, nous fîmes près de deux kilomètres en face du quai des Schiavones, de l'arsenal et du jardin public avant de doubler l'angle que fait alors Venise. Nous mîmes naturellement pied à terre à ces divers points. A l'arsenal, nos guides nous apprirent que nous étions en face du monument d'où sortaient anciennement les flottes armées de la reine de l'Adriatique ; mais nous avouâmes tous deux que nous étions dans un état d'insensibilité absolue à cet égard. Ils nous firent alors l'historique des quatres lions de marbre qui ornent la porte d'entrée : il en ressortit nettement que, là encore, l'esprit de rapine patriotique avait le principal rôle, et que deux, notamment, de ces lions avaient été rapportés de Grèce où l'un ornait le Pyrée et l'autre marquait la moitié de la course du Pyrée au centre d'Athènes.

La sombre défiance du gouvernement autrichien ne permettant pas de visiter l'intérieur de l'arsenal sans des formalités minutieuses, nous renonçâmes à l'ennui d'aller tirer nos chapeaux dans les bureaux de l'Amirauté et remontant dans la fidèle gondole d'Antonio, nous continuâmes jusqu'aux jardins publics. C'est encore Napoléon qui, en 1810, les créa et fit à cet effet démolir quatre couvents, quatre églises et une centaine de maisons. Se promener à Venise dans un grand espace, à l'ombre d'une luxuriante verdure, est un bonheur analogue à celui que les Parisiens éprouvent à la campagne. Nous aperçumes, pour comble de bonheur, un restaurant bâti à la pointe même du promontoire. Comme d'habitude, l'établissement était mal tenu et peu approvisionné. Mais la vue était admirable et l'heure cadrait avec notre appétit. Tout en causant, nous apercevions les détails de certaines îles très-voisines de nous, notamment celle appelée sainte-Hélène, nom bizarre pour ce petit attérissement placé dans les lagunes, à une portée de canon des jardins créés par l'empereur, aussi bizarre encore par le nom de son propriétaire actuel, le comte de Chambord. Y aurait-t-il des désignations d'îles prédestinées à certaines infortunes du trône?

Il nous fallut presqu'une heure pour que notre gondole nous fit toucher à l'île Murano : c'est là que, sur la foi des traités, nous nous attendions à voir les fabriques de ces glaces célèbres qui firent la réputation de Venise : notre désillusion fut complète. Deux des principales manufactures que nous visitâmes sont d'horribles et sordides taudits dans lesquels on façonne les grains de verre et les imitations de perles; quant à des glaces, nous n'en aperçûmes pas une. En revanche, il fallut donner une obole à chaque ouvrier : pas un de ces gaillards que le travail devrait ennoblir ne rougissait de nous tendre la main, comme le plus misérable des mendiants ; il y avait même tant d'insistance dans leurs sollicitations que nous crûmes devoir sortir des ateliers, lorsque notre monnaie fut épuisée. C'est à la porte que nous trouvâmes l'occasion d'acheter à très-bon compte des bracelets en verre dont plus d'un bras redouble actuellement l'éclat et la valeur....

En jetant les yeux sur un plan de Venise, on peut voir

que sa surface forme un triangle : la piazzetta occupe le milieu d'un des côtés ; Murano est en face du milieu d'un autre. C'est en doublant l'angle qui réunit ces deux côtés que nous nous étions arrêtés aux jardins publics. Pour rentrer depuis Murano, nous nous gardâmes de recommencer le long circuit que nous venions de décrire et nous tirâmes droit à la face de la ville que nous apercevions. Cette ligne nous fit côtoyer une île microscopique, entourée de murs élevés dont les flots fouettaient amoureusement les bases.

Cette île, c'est le cimetière San-Christoforo flottant entre le double bleu du ciel et de la mer, semblable avec sa muraille blanche à une vaste couronne suspendue entre deux infinis.

— J'y entrai.

Je ne connaissais pas de vivant en arrivant à Venise, mais j'y connaissais déjà une morte. Elle vivait à Paris, quand j'y suivais mes études de droit. Elle avait mon âge.

A cette époque d'épanouissement de la vie, elle était artiste, poëte, et les chefs-d'œuvre des maitres soulevaient notre commune admiration. Un jour, elle me promit la copie d'une vierge du Murillo, dont l'idéale création, quand nous allions ensemble, fixait dans les galeries du Louvre nos naissants enthousiasmes. Mais elle comptait sans la Parque cruelle qui, dès son arrivée à Venise, l'a moissonnée. Je trouvai sa tombe dans un angle du cimetière; la plaque blanche fixée à la muraille portait son nom : deux ifs, quelques arbrisseaux du pays ombrageaient son cercueil qu'une bordure de buis dessinait. Delà, chaque soir on voit le soleil se coucher sur les dômes de Venize; là, à chaque instant, le bruissement des vagues accompagne son fatal isolement.

Pourquoi est-elle venue à Venise? Pourquoi, si jeune,

la mort l'a-t-elle prise? A moi qui l'ai connue, sa tombe parut comme un ombrage où les Anges qui l'emportaient au ciel se sont reposés en traversant la mer.

J'ai cueilli une longue branche qui penchait sur ses cendres, je l'ai déposée là ou j'ai cru, sous les plis ondulés du terrain, reconnaître le soulèvement de sa tête. Puis j'ai cueilli une seconde branche pour moi et me suis éloigné en essuyant une larme.

Ludovic et Antonio s'impatientaient dans la gondole; mais moi, je ne puis oublier cet escalier que je descendais, cette tombe que je venais de voir et cette mer insensible qui, froidement, allait continuer à battre toujours le cimetière de San-Christoforo.

En rentrant par les petits canaux de l'intérieur de la ville, nous nous arrêtâmes à l'église des Jésuites dont l'intérieur est de marbre blanc incrusté d'arabesques en marbre vert.

Nous finîmes notre excursion par le palais Correr devant lequel nous passions et qui est actuellement la propriété de Venise, par suite de legs. C'est là que nous vîmes, comme un musée élevé à la mémoire de Canova, trois peintures de ce grand sculpteur, trois dessins dont un est le projet de tombeau qu'il rêvait pour le Titien et fut exécuté pour lui; une corbeille de fruits en marbre qui fut sa première œuvre, en 1774; ses instruments de travail, en un mot ses premières pensées et les armes avec lesquelles il monta à l'immortalité.

Antonio voulait encore nous conduire au palais Manfrin où une splendide galerie, disait-il, était à vendre par les propriétaires besoigneux. Je refusai net de m'y rendre, la dépense de mon page me paraissait suffisante et la meilleure des tentations ne vaut rien.

La journée, il faut en convenir, avait été fatiguante. Comme les liqueurs fortes, les plaisirs de la vue demandent à être pris goutte à goutte : les yeux surmenés se grisent comme le cerveau. J'en étais las ; et bien décidé à ne plus rien regarder, je proposai à Ludovic d'aller dans l'établissement de Jiacomazzi, en face de notre hôtel, déguster son vin de chypre si exquis et d'un prix si modéré.

Ces derniers jours que je passai à Venise m'apparaissent de loin comme les meilleurs. La fatigue, les préoccupations, les exercices de mémoire, les notes du carnet avaient disparu : rien ne me possédait plus que le calme bonheur de respirer à l'aise, rencontrant ici les pigeons sacrés de la cathédrale, là une bouquetière qui me faisait crédit à gros intérêt. Je liais connaissance le matin avec un collier de perles de Christophe ; le soir avec une mosaïque de Reis, et en quelques heures je leur rendais souvent vingt visites. Je vois encore la place qu'occupait une broche d'or bruni, portant un lion en relief avec cette devise : Ricordo di Venezia. Hélas ! mon goût disait : oui ; ma bourse efflanquée murmurait : non. Il a fallu croire la bourse.

Je comptais les piliers des Procuraties vieilles. Je lisais les affiches, je déchiffrais les inscriptions des madones antiques, aux coins des ruelles.

Une grande occupation était de mélanger dans d'agréables proportions les tabacs des manufactures impériales qui, pris séparément, étaient trop doux ou trop acres ; d'insuccès en insuccès je fumais des cigares, mais ceux du pays étaient mauvais et ceux de la Havane ruineux. Quand je voulais sans me déranger revoir un tableau qui m'avait séduit, j'entrais chez le photographe qui, tout en me le montrant avec désintéressement, me vendait une partie de sa collection. Si j'étais fatigué des sièges du café Florian, je me faisais bercer dans la gondole d'Antonio. Quand je voulais m'aider à penser, d'un signe j'ordonnais à quelque troupe ambulante de me jouer leur répertoire.

Quant à Luiggia, je l'avais réléguée au second plan. Malgré mes protestations polies, son verni d'espion l'avait frappée dans mon cœur d'une grande déchéance. Mais, soit perspicacité féminine, soit conséquence naturelle de son attitude précédente, elle redoublait de soins et d'attentions gracieuses.

Si je passais devant sa porte, elle soulevait le rideau et m'arrêtait pour me dire d'un accent timide : Venise vous plaît donc bien, signor, que vous n'avez plus le temps de vous reposer ici.

De sinistres pressentiments lui traversaient l'esprit. La police semblait la soupçonner de trahison. Et la défection d'une espion peut devenir une aventure capitale.

Luiggia développait toutes ces idées à chacune de nos entrevues. La veille de mon départ, elle me proposa de recommencer une promenade en gondole, avec moi et Ludovic, et comme nous hésitions; elle ajouta :

— Vous êtes d'honnêtes cavaliers : vous ne voudriez pas être la cause de ma mort. Eh bien, je m'engage à vous donner tant de détails, à vous montrer tant de dangers qui me menacent que vous serez convainçus de l'inhumanité de vos refus ; sans compter, monsieur le preneur de notes, me dit-elle d'un ton tentateur, tout ce qu'y gagneront vos futures impressions de voyage.

Nous nous laissâmes séduire et pour nous exécuter largement, nous priâmes la signora d'accepter préalablement à souper au restaurant de la Vapeur.

Ce fut toute une affaire d'obtenir du patron de Luiggia cette permission, et le fin compère exploita largement la situation. Pendant tout le dîner, cinq fois les envoyés vinrent de sa part annoncer à notre gracieuse convive qu'on l'attendait au café del Ponte et il fallut pour amortir l'ardeur de ces commissionnaires les faire successivement dîner.

Luiggia conformément à ses engagements ne pouvait quitter son établissement qu'à minuit : il fallut l'attendre. Le Sonatore aida à passer une partie de la soirée : le café, les glaces, le chypre trompèrent le temps, pour moi du moins, car Ludovic impatient nous quitta en nous donnant rendez-vous au pont du Rialto.

Enfin l'heure attendue sonna. J'offris mon bras à Luiggia et trop éloigné de la piazzetta pour songer à Antonio nous hélames au premier canal le premier gondolier que nous aperçûmes. C'était au-dessous d'un pont à escaliers. Un bec de gaz reflété par les maisons rapprochées éclairait Luiggia comme dans un appartement. Je la vois encore, la belle fille, avec sa toilette que pour la circonstance elle avait choisie délicieuse : une robe blanche dessinait ses formes vigoureuses ; au lieu de tous les bijoux clinquants qui lui avaient attiré de ma part quelques railleries, elle n'avait aux oreilles que des pendants d'ambre à triple rang, et ses cheveux n'étaient retenus que par un ruban paille qui, tordu dans ses splendides nattes, passait sur son front comme un diadème.

Ses bras sortaient leurs contours corrects de la robe qui n'en cachait que la naissance. En entrant dans la gondole noire, elle parut comme un rayon lancé dans l'ombre.

—Al Ponte di Rialto, dis-je au gondolier, et nous glissâmes en silence . . . .
. . . .

Elle continuait sa mélodieuse harmonie ; la nuit

pure nous couvrait de sa transparence orientale. En tournant pour déboucher dans le grand canal, notre gondole, chose inouïe, s'embarrassa dans une autre gondole qui la croisait. Je pensai à Ludovic; mais, hélas! ce n'était pas l'amitié qui venait de nous accoster, c'était la mort! J'ouvris la fenêtre; de l'autre côté on fit de même. En moins de temps que la pensée, les deux gondoles se juxtaposèrent et l'on frappa à notre portière. Un homme entra, puis un second; et ici l'émotion paralyserait ma plume, si je ne la maîtrisais pour pouvoir raconter.

Je fus saisi, garrotté et retenu immobile par quatre bras vigoureux. Je luttais vainement, la barque frémissait sous mes efforts impuissants; puis j'assitai à la plus horrible des scènes: Luiggia avait été entraînée à la proue, hors de la cabine. Deux hommes liaient ses poignets marbrés qu'elle levait vers les astres; ils réunissaient à ses pieds les plis flottants de ses vêtements. Sans ses cris, on l'eût prise pour une voile qui se ployait.

Les hommes l'enlevèrent. Elle poussa un long gémissement que les palais répétèrent; le bruit d'un corps tomba dans l'eau, et la gondole bondit!

— Lâches et misérables assassins, m'écriais-je en cherchant à délivrer mes mains des entraves qui me scellaient sur place. Cent napoléons d'or, si tu la sauves, répétais-je au gondolier que la fatalité m'avait fait choisir et que la peur rendait immobile et muet.

Oh! quelle atroce condamnation que celle de voir pareil spectacle, de frémir et d'être enchaîné, de penser et d'être impuissant, je n'avais qu'une consolation, celle de songer à la vengeance sans définir laquelle, mais terrible et mortelle.

Mes gardiens ordonnèrent d'une voix claire au gondolier de gagner l'hôtel de la Lune.

— Nous allons vous reconduire à votre hôtel, Signor, me dit l'un d'eux.

Je ne répondis qu'en murmurant des imprécations.

— Signor, reprit il, nous sommes des agents de la police secrète; nous avons ordre de vous donner des explications : libre à vous de les entendre.

Puis, il continua :

— Luiggia était des nôtres... Elle a trahi en vous avertissant de l'importance de la lettre que vous aviez apportée de Milan; estimez-vous heureux, signor, que les informations aient démontré que vous aviez été simplement imprudent..... Au lieu de vous ramener à l'albergo della Luna, c'est ailleurs que nous vous conduirions. Quant à Luiggia, elle le savait ; elle en avait été prévenue; c'est la peine de mort que sa trahison lui réservait. Au lieu de longs débats, des angoisses inutiles d'une procédure en règle, nous venons d'appliquer rapidement, mais avec justice, la loi qu'elle avait jurée.

Je ne les écoutais plus, j'attendais le moment où les misérables bourreaux me délivreraient de mes liens pour en saisir un et, au risque de tomber avec lui, de le jeter dans l'onde noire.

Mais ils hélèrent la gondole qui les suivait. Ils sortirent comme ils étaient entrés. Longtemps après mon gondolier me déposait aux degrés de l'hôtel de la Lune, consentant seulement alors à me délivrer de mes liens.

J'étais fou de stupéfaction et de douleur. Je réveillai un autre gondolier : au pont du Rialto, lui dis-je, lui glissant une large pièce dans la main.

J'étais debout en avant de notre esquif qui fendait l'air humide de la nuit; je sondais des yeux toutes les rides de l'eau : tout fut vain! Le temps qui se passa ainsi, je l'ignore : mais il fallut revenir sans avoir rien découvert.

En rentrant dans notre appartement, Ludovic me présenta un ordre de la police qui nous enjoignait de quitter Venise. Ma physionomie bouleversée et un court récit du drame affreux qui venait de s'accomplir sous mes yeux, lui expliquèrent cette brusque expulsion.

Nous l'acceptâmes sans murmurer : Ludovic avait assez vu et moi je n'étais plus capable de rien voir. Je me confiai à l'ami corps et bien. Il se chargea de tous les préparatifs du départ et à sept heures du matin, prenant place pour la dernière fois dans une gondole. nous longeâmes tous les canaux qui nous conduisirent à la gare.

XV

Après avoir vécu à Venise, après s'être habitué à l'entourage harmonieux de ses merveilles artistiques, il n'est plus possible de visiter avec plaisir les autres villes : les grandes émotions absorbent et l'impressionabilité de l'âme lui constitue une insensibilité relative.

Nous en fîmes l'épreuve à Padoue : vieille cité, décrite avec respect et recommandée avec emphase; elle me parut terne, malpropre, sans coquetterie et sans lumière.

Il me fallut un suprême effort pour aller jusqu'à l'église St-Antoine, célèbre dans le monde entier. Mais arrivé là, je congédiai mon guide et rentrai à notre hôtel, (la Stella d'Oro).

Je traversai Milan en dormant. Quant à Turin où nous devions voir du nouveau, car nous n'y étions pas encore passés, nous en trouvâmes plus que nous n'en attendions.

C'était le 24 septembre : la convention du 15 septembre venait d'être publiée et pendant que l'Europe étudiait, au point de vue religieux et diplomatique, les énigmes que lui proposait son apparition inattendue les habitants de Turin s'agitaient et échangeaient avec les troupes royales quelques coups de fusil.

Mon ennui de tout continuait. Je laissai Ludovic battre les Musées et les Palais. Comptant enfin entendre l'interprétation d'une grand'œuvre musicale à la manière italienne, j'allai passer ma soirée au théâtre Victor-Emmanuel, où par suite de l'indisposition de la Dona Grüa, je fus condamné à une nouvelle désillusion.

Ludovic parla d'aller à Gênes : je le suppliai d'y aller seul. Ma figure pâle et fiévreuse faisait pitié ; il consentit à notre séparation. Nous nous quittâmes, le matin à cinq heures, et le soir je m'endormais seul à l'hôtel Impérial d'Aix-les-Bains, après avoir franchi les Alpes par le Mont-Cenis.

Mais déjà je ne voyageais plus, j'arrivais. En descendant le versant français des Alpes, la Patrie jetait dans tout mon être ses retentissements profonds.

A Lans-le-Bourg, ma première cigarette de tabac français m'énivra de ses parfums, et la première bouteille de vin de Mâcon que je bus à Aix, se changea en baume réparateur. Je ne dis rien des autres.

C'est donc une sage entreprise qu'un voyage, puisqu'en vingt-cinq jours il rend leur fraicheur au patriotisme, à l'esprit et .... à l'estomac.

J'oubliais le cœur ! Mais les joies sont trop complexes pour supporter l'analyse. J'étais parti sans regret, sans hésitation, poussé par le besoin qui nous domine dans certaines heures d'angoisse, l'inconnu.

Mais revenu, entouré de tous les miens, leur contant un soir une page de cette lointaine émigration, je me demandais presque, sans le comprendre, pourquoi je les avais quittés :

Ah ! mes amis, dis-je en concluant. Venise huit jours, mais Lons le-Saunier toujours.

FIN.

www.ingramcontent.com/pod-product-compliance
Ingram Content Group UK Ltd.
Pitfield, Milton Keynes, MK11 3LW, UK
UKHW020356230726
13925UKWH00003B/1143

9 782013 633321